WANDERFÜHRER

Andere Wege gehen.

pmv

Über den Autor

Als Kind setzte er noch unwillig einen Fuß vor den nächsten, als seine Eltern mit ihm wandern gehen wollten. Als Student durchstreifte er bereits freiwillig mit Freunden den Schwarzwald. Seither hat er nicht aufgehört zu wandern: Deutschland. Europa. Die Welt. Als er am neuseeländischen Mount Ruapehu drei einheimische Trekker schwärmen hörte, dass die schönsten Touren meist vor der eigenen Haustür liegen, dämmerte es ihm, dass es sich ähnlich mit der Eifel verhalten könnte. Er beschloss, einen Wanderführer für Menschen zu schreiben, die in der Eifel mehr suchen als nur Spaziergänge und Touren rund um den Parkplatz.

Mathieu Klos ist Jahrgang 1969, lebt im Schatten des Kölner Doms und arbeitet als Wirtschaftsjournalist. Aber auf einem Bein steht es sich schlecht, und deshalb veröffentlicht er seit 2004 Reise- und Wanderartikel. »Eifel Mehrtagestouren« ist sein erstes Wanderbuch. Mathieu Klos ist Mitglied im Deutschen Alpen Verein (dav).

King of the road: Auf Tour 9 können Sie sich auch mal auf den Königsstuhl von Bollendorf setzen

WANDERFÜHRER

Andere Wege gehen.

EIFEL MEHRTAGESTOUREN

Die 10 schönsten Streckenwanderungen mit leichtem Gepäck

VON MATHIEU KLOS

pmv

1. Auflage Frankfurt am Main 2007

PETER MEYER VERLAG

TREKKING IN DEUTSCHLAND?

An einem der letzten klaren und warmen Sommertage 2003 schossen auf halbem Weg zum Gipfel des Mount Ruapehu auf der neuseeländischen Nordinsel drei Wanderer mit schweren Rucksäcken, knielangen Shorts und kniehohen Stutzen an mir vorbei. Neidisch auf ihren enormen Wanderelan schaute ich ihnen hinterher. Am Abend traf ich die drei Kiwis in der Blyth-Schutzhütte auf halbem Weg zum Gipfel wieder. Sie erzählten mir, dass sie, wann immer sie es einrichten können, mit dem Bus raus aus Auckland fahren und irgendwo in der Umgebung von A nach B wandern. An diesem Abend beschloss ich herauszufinden, ob dies auch in der Umgebung von Köln möglich ist. Das Ergebnis ist dieser Wanderführer für Mehrtagestouren in der Eifel und den belgischen und luxemburgischen Ardennen.

Bis dato war ich zum *Trekking*, wie ich Mehrtagestouren mit leichtem oder mittelschwerem Gepäck bezeichne, stets ins Hochgebirge gereist. Die Eifel war für mich eher ein Revier für Spaziergänger. Nun sind die deutschen Mittelgebirge nicht Neuseeland oder die Alpen, aber auf meinen vielen Touren durch die Eifel in den letzten beiden Jahren fand ich heraus, welch wunderbare Landschaften und attraktive Wandertouren mit unterschiedlichen Schwierigkeitsgraden es vor der eigenen Haustür zu entdecken gibt. Es muss nicht immer das Hochgebirge sein!

Die **zehn in diesem Buch** beschriebenen Mehrtagestouren sind eine Auswahl aus einer Vielzahl im Eifel-Ardennen-Raum möglicher Wanderungen. Sie führen durch die schönsten Naturlandschaften, über die attraktivsten Pfade und vorbei an einigen ungemein interessanten Kulturdenkmälern. Unter den zehn Touren wird jeder Wanderer die richtige für sich finden: der Genießer ebenso wie der sportlich Ambitionierte. Eine durchschnittliche Kondition genügt, die **Gepäckfrage** wird durch **Einkehr- und Unterkunftsmöglichkeiten** auf allen Strecken minimiert. Zwar können die beschriebenen Mehrtagestouren auch in

Tagestouren unterteilt werden. Dennoch wendet sich dieses Buch primär an Wanderer, die zwei oder mehr Tage am Stück unterwegs sein wollen.
Somit unterscheidet sich dieses Buch vom reichhaltigen Angebot an Wanderführern für die Eifel, die überwiegend Rundwanderungen und Spaziergänge anbieten.

Aufgrund meiner Trekkingerlebnisse in Neuseeland und Australien waren mir drei Grundideen für die Auswahl der Touren wichtig: **naturnah**, **grenzüberschreitend** und **über Stock und Stein.** In einzelnen bedeutet dies:
Naturnah: Wandern empfinde ich zuallererst als Naturerlebnis. Ich habe die Wege so ausgewählt, dass sie durch die schönsten Landschaften führen und auf deren Schönheit und Erhalt Rücksicht nehmen. Eine An- und Abfahrt mit dem Auto widerspricht für meinen Geschmack dem Naturerlebnis Wandern. Alle von mir beschriebenen Start- und Endpunkte sind gut und meist unkompliziert mit öffentlichen Verkehrsmitteln zu erreichen. Alle praktischen Angaben dazu finden Sie bei jeder Tour beschrieben. Bahnhöfe an den Zwischenstationen ermöglichen eine Verkürzung oder das Kombinieren der Touren.
Grenzüberschreitend: Jenseits der Grenzen zu Belgien und Luxemburg nennen die Menschen die Eifel *Ardennen*. Beide Mittelgebirge sind ein einheitlicher Natur- und Kulturraum. Drei Touren führen daher in bzw. durch unsere europäischen Nachbarländer.
Über Stock und Stein: Wandern auf breiten und geschotterten »Wanderautobahnen« ist mir ein Graus. Daher habe ich nach schmalen und schönen Pfaden durch die Eifel gesucht und viele gefunden. Das macht die Streckenführung ein wenig komplizierter, weil einige Wege nicht markiert sind, erhöht die Attraktivität der Touren dafür um ein Vielfaches. Ich danke dem Peter Meyer Verlag, dass er dieses Konzept teilt und dieses Buch veröffentlicht.

Ebenso danke ich meiner Frau Hi-jong Kim und all meinen Freunden, die ich bereits mit meiner Wanderlust begeistern konnte und die mich auf den Touren durch die Eifel und Ardennen begleiteten. Wir hatten viel Spaß.
Ebenso viel Spaß und schöne Wandererlebnisse wünsche ich Ihnen auf Ihren Touren zwischen Rhein, Mosel, Maas und Rur.

Mathieu Klos

Post bitte an:
Peter Meyer Verlag
– Mehrtagestouren –
Schopenhauerstraße 11
60316 Frankfurt a.M.
info@PeterMeyerVerlag.de
www.PeterMeyerVerlag.de

VORBEREITUNG & PRAKTISCHES

HOHES VENN & WARCHE-TAL

RUND UM DEN NATIONALPARK EIFEL

WALDEIFEL & AHRGEBIRGE

AHRGEBIRGE & BROHLTAL

ELZTAL & HOHE ACHT

LIESERTAL & MAARE

GEROLSTEIN & KYLLTAL

SCHNEIFEL & PRÜM

AN PRÜM, SAUER & KYLL

VON LUXEMBURG NACH BITBURG

RUCKSACK PACKEN & SCHUHE SCHNÜREN

Schuhe schnüren, Rucksack schultern und dann ab in die Natur: Wunderbare Mehrtagestouren und herrliche Naturlandschaften liegen nur wenige Kilometer vor Ihrer Haustür. Aber schon eine falsch kalkulierte Streckenlänge, ein verpasster Zug oder eine Pension in Betriebsferien stören Ihr Wandervergnügen empfindlich. Einige wenige Dinge sollten Sie daher vorab planen. Hier gebe ich Ihnen die wichtigsten Tipps und Informationen für den schnell organisierten Kurzurlaub und zum Gebrauch dieses Buches.

Reisezeit

Der Eifelraum eignet sich das gesamte Jahr über für Wanderungen – vorausgesetzt, Sie können sich auch für eine Wintertour begeistern.

Abgesehen von den 4 Monaten November bis Februar mit unwirtlichem Wetter können Sie in der Eifel mit 8 vollen Monaten mit bester Wanderbedingungen rechnen. Denn das **Klima** im Ahr-, Kyll- und Sauertal ist unter Umständen schon im März und auch noch Ende Oktober sehr mild. Jede der 10 Tourbeschreibungen enthält gesonderte Angaben zur schönsten Jahreszeit für die Wanderung.

Wie überall in Deutschland sind der Frühling und der Herbst auch in der Eifel ideale Wanderperioden. Die Wochen zwischen Anfang Juli und Mitte September sind mir persönlich die liebsten, weil man aufgrund der Schulferien die Wälder und Fluren meist für sich allein hat. Aber Vorsicht: Einige der schönsten Täler wie Ahr-, Lieser- und Sauertal sind beliebte Naherholungsgebiete und auch während der Schulferien und Mai-Feiertage überlaufen.

Tipp: Gehen Sie den vielen Tagestouristen und Motorradfahrern an (Sonnen-)Sonntagen aus dem Weg. Wandertouren unter der Woche garantieren ein ungestörtes Naturerlebnis.

Das Eifel-Ardennen-Wetter

Das Klima im Rheinland ist im gesamtdeutschen Vergleich immer um 2 bis 3 Grad milder. Dennoch klettert das Thermometer im Eifel-Ardennen-Raum im Jahresmittel nur an 10 Tagen über die 25-Grad-

Teuflisch: Auf Tour 9 begegnen Ihnen Teufelslöcher und -felsen zu Hauf

Tipp: Eine Faustregel: Kommt das Wetter von Westen, also vom Atlantik, regnen sich die Regenwolken in den Ardennen ab. In der östlichen Ahreifel, der Hohen und der Vulkaneifel sowie südlich der Linie Prüm – Gerolstein – Daun (Naturpark Südeifel) ist es dann meist trocken. Kommt das Wetter doch einmal von Osten, ist es umgekehrt.

www.eifelwetter.de

Marke. Aber keine Sorge: In der Eifel finden Sie meist **hervorragende Wanderbedingungen** vor.
Winde aus westlicher Richtung bestimmen die Großwetterlage im Eifel-Ardennen-Raum – das ist an etwa zwei Drittel der Tage im Jahr der Fall. Die Wolken regnen sich daher meist im Stau vor den Ardennen und des Hohen Venns ab. Zur Sicherheit vertraue ich auf meinen Mehrtagestouren durch die Eifel stets dem **Wetterschutz**, den ich auch im Hochgebirge dabei habe: Eine Fleecejacke und eine platzsparende so genannte Pac-Lite-Regenjacke schützen Sie bei plötzlichen Wetterumschwüngen und an kalten Tagen gegen die scharfen Winde auf den Eifelhöhen.

Winterwanderung

In der westlichen Hocheifel liegt an rund 20 Tagen im Jahr eine geschlossene Schneedecke, die bis zu 60 cm dick sein kann. Nach Osten zum Rheintal und nach Süden hin nimmt die Schneewahrscheinlichkeit ab. Auf gute **Schneebedingungen** für eine Winterwanderung treffen Sie von Januar bis teilweise Anfang März in der Schneifel (↗ Tour 8), ebenso in den Gebieten belgisches Hohes Venn, Monschau und Hellenthal.

Erlebnis Eifel

Naturerlebnis: National- und Naturparks

Ein Nationalpark, zwei Naturparks und der *Europäische Geopark Vulkaneifel* decken weite Teile des Eifel-Ardennen-Raums ab. Leider bedeutet das nicht immer Naturschutz pur. Herzstück des Eifelraums ist der Anfang 2005 ins Leben gerufene *Nationalpark Eifel* im Norden der Region (↗ Tour 2).
Der *Deutsch-Luxemburgische Naturpark* im Süden (↗ Tour 9 und 10) und der nördliche *Deutsch-Belgische Naturpark* (↗ Tour 1) sind einzigartig in Europa, weil sie länderübergreifend eingerichtet wurden. Die

Winteridylle: Die Marienkapelle am Schwarzen Mann in der Schneifel (Tour 8)

in den beiden Parks vorherrschende Flora und Fauna verdeutlicht zudem die Gegensätzlichkeit der Eifelnatur. Wenn in den Flusstälern der Süd- und Osteifel bereits Anfang März und auch noch Ende Oktober ein nahezu mediterranes Klima mit blühenden Orchideen und umherfliegenden Schmetterlingen vorherrscht, erinnert die Pflanzen- und Tierwelt in den Hochmoorgebieten der nördlichen Eifel stark an die Tundra im arktischen Lebensraum. Diese kleinwüchsige Fauna voller Torfmoose, Wollgras und Krüppelbäume ist jedoch nicht minder interessant und vielseitig als der Süden.

Kulturerlebnis im Raum Eifel/Ardennen

Keltische Opfersteine, römische Wasserleitungen, Wikingerburgen und nationalsozialistischer Westwall: Eifel und Ardennen sind ein Kultur-, seit der römischen Besiedlung der linksrheinischen Gebiete sogar ein Geschichtsraum mit europäischer Dimension. Fast immer liegen am Wegesrand Kulturgüter, die es wert sind, besichtigt zu werden. Dieses Buch will jedoch nicht noch einmal das wiederholen, was schon

Alle wichtigen Informationen zu Natur, Kultur, Geschichte und Menschen in der Region finden Sie im **Eifelführer,** hrsg. vom Eifelverein, 28. Auflage, ISBN 3-921805-09-0, 16 €.

zahlreiche Kulturwanderführer zur Eifel beschrieben haben. In diesem Buch steht das Naturerlebnis im Vordergrund. In den Tourenbeschreibungen weise ich jedoch immer auf besonders interessante Sehenswürdigkeiten hin.

An- und Abreise per Bahn & Bus

Die Eifel ist durch öffentliche Verkehrsmittel hervorragend erschlossen. Das ermöglicht eine umweltfreundliche Planung aller 10 Touren. Den Start und Ziel der Touren habe ich so gewählt, dass sie sehr gut per Bahn oder Bus erreichbar sind. Lassen Sie Ihr Auto einfach zu Hause stehen, genießen Sie ein rundum naturnahes Vergnügen und entspannen Sie sich nach einem langen Wandertag im Zugabteil, statt sich krampfhaft hinterm Steuer wachzuhalten.

Eisenbahn

Folgende Eisenbahnstrecken können zur An- und Abreise für die Touren genutzt werden (Kursbuch-Nr.):

- Köln – Aachen (480); Köln – Koblenz (470); Koblenz – Trier (690); Köln – Trier (Eifelbahn, 474)
- Bonn – Euskirchen (475)
- Euskirchen – Bad Münstereifel (476)
- Remagen – Ahrbrück (477, www.ahrtalbahn.de)
- Andernach – Mayen – Kaisersesch (478)

Privatisierte Strecken:

- Rurtalbahn RTB Düren – Heimbach (484, www.dkb-dn.de)
- Vulkan-Express Brohl – Engeln (12426, www.vulkan-express.de)
- Eifelquerbahn Gerolstein – Daun – Kaisersesch (www.eifelquerbahn.de)

Tipp: Das Internet macht die Reiseplanung im gesamten Eifel-Ardennen-Raum angenehm einfach. Fahrpläne und Preise aller Betreiber sind online abrufbar. Über **www.bahn.de** oder die Bahnhotline ✆ 0800/1507090 können Sie alle Bahnverbindungen in Deutschland, Luxemburg und Belgien sowie die meisten Busverbindungen erfragen.

Busse

Die folgenden Verkehrsverbünde decken den gesamten Eifelraum ab. An Wochenenden werden einige Linien nicht befahren – prüfen Sie Ihre Verbindung daher stets im Vorfeld der Tour über die Internet-Seiten und Hotlines der Betreiber.

Der **Aachener Verkehrsverbund** bedient vor allem den westlichen Teil der Nordeifel bis zur belgischen Grenze: Stadt Aachen, die Kreise Aachen, Düren und Heinsberg: www.avv.de, ✆ 01803/504030 (9 ct./Min).

Der **Verkehrsverbund Rhein-Sieg** bedient den Linienverkehr in der nordöstlichen Eifel bis zum Rheintal: die Städte Bonn, Leverkusen und Köln sowie die Kreise Euskirchen, Erft, Rhein-Sieg sowie Oberbergischer und Rheinisch-Bergischer Kreis: www.vrs-info.de, ✆ 01803/504030 (9 ct./Min).

Der **Verkehrsverbund Rhein-Mosel** bedient den Linienverkehr in der südöstlichen Eifel bis zum Rheintal: Stadt Koblenz und die Kreise Mayen-Koblenz, Ahrweiler, Cochem-Zell, Rhein-Hunsrück, Rhein-Lahn: www.vrminfo.de, ✆ 01805/986986 (14 ct./Min).

Der **Verkehrsverbund Region Trier** bedient den Linienverkehr in der Südwest-Eifel bis zur Grenze mit Luxemburg und Belgien: Stadt Trier und die Kreise Trier-Saarburg, Bitburg-Prüm, Daun und Bernkastel-Wittlich: www.vrt-info.de, ✆ 01805/131619 (14 ct./Min).

www.avv.de, ✆ 01803/504030 (9 ct./Min).
www.vrsinfo.de, ✆ 01803/504030 (9 ct./Min).
www.vrminfo.de, ✆ 01805/986986 (14 ct./Min).
www.vrt-info.de, ✆ 01805/131619 (14 ct./Min).

Unterwegs in Luxemburg und Belgien

Fahrplaninformation und Preise zur Bahn und zum ÖPNV in Luxemburg finden Sie auf der Website der luxemburgischen Eisenbahn: **www.cfl.lu**. Direkt von Bitburg über Echternach nach Luxemburg-Stadt verkehrt Mo bis Sa die Buslinie 401 (↗ Tour 9 und 10). Fahrplaninformationen und Preise zur Bahn und zum ÖPNV in den belgischen Ostkantonen finden Sie auf der französischsprachigen Website der Verkehrsgesellschaft TEC: **www.infotec.be**, sowie auf der Website der belgischen Eisenbahn: **www.b-rail.be** (beide auch auf Deutsch).

Streckenführung & Schwierigkeitsgrad

Eines meiner wichtigsten Anliegen für dieses Buch war es, Wanderwege zu finden, die abseits der großen Hauptwanderwege liegen. Daher haben zwei Vorgaben die **Streckenführung** bestimmt: Möglichst viele der naturnahen Pfade miteinander zu verbinden und asphaltierte oder breite Wanderhauptstrecken zu meiden.

✳ **Tipp:** Alle markierten Wege sind in meinen Tourenbeschreibungen besonders hervorgehoben.

Die Touren führen zum überwiegenden Teil über **markierte Wege.** Selten folgt eine Tour jedoch nur einer einzigen Markierung. In der Regel wechselt sie öfters. Daher sollten Sie die Wanderungen unbedingt mit geeigneten Wanderkarten laufen. Der Eifelverein und die einzelnen Gemeinden pflegen die Wanderwege i.d.R. sehr gut. Ab und an fehlen jedoch Markierungen oder stimmen nicht mehr mit den älteren Eifelvereins-Karten überein.

✳ **Tipp:** Nehmen Sie zur Sicherheit immer eine **Karte** mit auf die Wanderung und übertragen Sie vor Abmarsch den beschriebenen Tourenverlauf in diese. So läuft es sich einfacher.

Mein Anliegen, möglichst viele Streckabschnitte über schöne und anspruchsvolle Wanderpfade zu führen, hatte Konsequenzen für die Orientierung: Die Touren folgen gelegentlich **unmarkierten Wegen**, auf solchen Passagen werden Sie sich mit Hilfe einer Karte besser zurechtfinden. An einigen Stellen sind zusätzlich attraktivere Alternativen zu unschönen Abschnitten oder Abkürzungen angegeben. Diese Passagen sind die Ausnahmen und immer auf wenige Meter beschränkt.

Wanderkarten

Für die Durchführung aller 10 Touren empfehle ich die *Karten des Eifelvereins,* im Folgenden als **EV-K** abgekürzt. Sie sind im Maßstab 1:25.000 gedruckt und bilden alle wichtigen markierten oder unmarkierten Wanderwege im Eifel-Ardennen-Raum ab. Diese Karten erleichtern es Ihnen, den Streckenführungen aller 10 Touren zu folgen, weil sie nicht immer einheitlichen Markierungen folgen. Mit guten Karten sind Sie auf der sicheren Seite.

Alle **Eifelvereins-Karten** können Sie im Buchhandel mit gut sortierten Reiseabteilungen oder direkt beim Eifelverein kaufen (↗ Informative Links).

Orientieren in der Natur

Orientieren ist keine Hexenkunst. Mit einigen wenigen Hilfsmitteln und etwas Übung finden Sie sich auf allen Touren einfach zurecht. Folgen Sie dazu gelegentlich auch Ihrer eigenen Intuition. Die meisten Menschen haben ein Gefühl für Himmelsrichtungen: Im Grunde benötigen Sie für alle beschriebenen Wanderungen als einziges Hilfsmittel eine **geeignete Wanderkarte.** Wer Schwierigkeiten hat, Himmelsrichtungen zu bestimmen, sollte auch einen **Kompass** mitnehmen. Denn wichtig für die Orientierung per Karte ist, dass Sie sie einnordnen und somit am Gelände ausrichten, in dem Sie sich befinden. Orientieren Sie sich stets an wichtigen Landschafts- oder Zivilisationspunkten wie Straßen, Flussläufen, Hügeln, markanten Bäumen, Stromleitungen, Ortschaften oder Gehöften. Höhenlinien sind ebenfalls ein wichtiges Orientierungsmittel. Zeigt Ihnen zum Beispiel die Karte einen Anstieg an, Sie laufen aber bergab, dann ist natürlich etwas falsch.

Pfadfinder: Kartenstudium am Hirschlay beim Rurstausee (Tour 2)

Tipp: Eine annähernde Richtungsbestimmung ist auch mit einer schlichten **Uhr** möglich. Richten Sie den kleinen Zeiger auf die Sonne und fällen Sie das Lot zwischen kleinem Zeiger und der Zwölf. Dort befindet sich Süden, auf der gegenüberliegenden Seite naturgemäß Norden. Drehen Sie sich nun mit der Nase gen Norden, dann ist rechts von Ihnen Osten und links Westen.

Tipp: Der **Natur und der Tierwelt** zuliebe: Wandern Sie möglichst auf angelegten Wegen und Pfaden. Das Wegenetz in der Eifel – ob markiert oder unmarkiert – ist engmaschig genug.

Haben Sie noch wenig Erfahrung mit dem Wandern nach Karte, nutzen Sie Ihre ersten Tageswanderungen, um sich darin zu trainieren. Beobachten Sie einfach, was Sie am Wegesrand entdecken, und übertragen es auf Ihre Karte. Sie werden merken, dass das Wandern nach Karte auch die Wahrnehmung von Natur fördert.

Die Freunde des **Global Positioning Systems,** kurz **GPS,** finden in den Tourenbeschreibungen die jeweiligen geografische Koordinaten des Zielortes jeder Etappe im Koordinatensystem WGS 84 angegeben. Sie finden sich auf allen beschriebenen Touren zwar auch ohne dieses Hilfsmittel gut zurecht, doch macht es vielen Technikfans einfach Spaß, sich damit zu orientieren.

www.eifel-gps.de

Kondition & Gehzeiten

Viele Teilpassagen auf den 10 beschriebenen Touren verlaufen durch anspruchsvolles Gelände. Die kürzeste Tagesetappe ist 17 km, die längste hingegen 31,5 km lang. Die Wanderungen richten sich durchweg an Wanderer mit durchschnittlicher Kondition, ebenso die von mir angegebenen Gehzeiten.

Bei der Auswahl und Planung der jeweiligen Tour sollten Sie sehr genau die Streckenlänge, das Profil und Ihre Kondition prüfen: Eine 30-km-Wanderung mit schwerem Gepäck stellt enorme Anforderungen an den Körper, ebenso eine 20-km-Etappe durch felsiges Gelände, wie Sie sie im Sauertal antreffen. Eine Etappe um die 20 km mit leichtem Gepäck ist eine Wanderung zum Genießen.

Nehmen Sie die angegebenen **Gehzeiten** als Richtwert und rechnen Sie noch Pausen hinzu. Ich laufe oft nach Wanderführern. Die dort angegebenen Gehzeiten stimmen selten mit meinen überein. Zu unterschiedlich sind die einzelnen Wandertempi. Entwickeln Sie auf verschiedenen Wandertouren ein Gefühl für Ihr eigenes Tempo. Eine Hilfe dazu mögen Ihnen folgende, oft zitierten Durchschnittswerte

Tipp: Brechen Sie an Tagen mit langen Etappen spätestens um 9 Uhr auf. Trödeln, Träumen oder ein Nickerchen sollten Sie lieber in die 2. Etappenhälfte verlegen.

sein: Auf ebener Strecke läuft ein durchschnittlich trainierter Wanderer 4 – 5 km/h, mit schwerem Gepäck nur noch 3 – 4 km/h. Für Steigungsabschnitte rechnen Sie eher 2 – 3 km/h.

Kombinierte Touren

Haben Sie Lust auf eine einwöchige Wanderung durch die Eifel? Einige der Touren lassen sich leicht miteinander verbinden. Zum Beispiel:

- **8 Tage: Tour 4, 3 und 2**: Laufen Sie von Heimbach nach Mayschoß (Tour 4), weiter über den Rotweinwanderweg bis Kreuzberg und dann Tour 3 in umgekehrter Richtung über Bad Münstereifel nach Nettersheim und schließlich auf meinem alternativen Eifelsteig bis Urft (Tour 2).
- **5 – 7 Tage: Tour 10 und 9+**: Folgen Sie zunächst dem Verlauf von Tour 10 von Junglinster bis Irrel und von dort der Strecke von Tour 9 über Bollendorf, Echternach wieder nach Irrel. Schließlich vollenden Sie Tour 10 über Prümzurlay bis Bitburg. Zwei weitere Tage können Sie anschließen, indem Sie ab Bitburg-Erdorf **Tour 7** in umgekehrter Richtung über Kyllburg nach Gerolstein wandern.
- **6 Tage: Tour 8 und 7**: Laufen Sie von Jünckerath bis Birresborn (Tour 8), weiter auf der Strecke von Tour 7 bis nach Kyllburg und am 6. Tag auf dem Rundkurs um das idyllische Städtchen.

Mehrtagestouren im Westen Deutschlands enthält »9 Wanderungen mit leichtem Gepäck zwischen Eifel und Schwarzwald«. Die Fernstrecken lassen sich dank der optimal ausgewählten Wege gut zu Tagestouren verkürzen oder zu Trekkingtouren kombinieren. pmv Peter Meyer Verlag, ISBN 978-3-89859-305-2, 12,95 €.

Rund ums leibliche Wohl

Verpflegung & Einkehr

Wo immer eine empfehlenswerte **Gaststätte** am Wegesrand liegt, ist sie in den Tourenbeschreibungen aufgeführt. Die Preise liegen i.d.R. im mittleren Niveau: Getränk um 2 €, warme Mahlzeit um 10 €. Besonders auf den Touren durch die weniger populären Wandergebiete sind Dorfkneipen oft die einzigen Einkehrgelegenheiten. Sie wären nicht die ersten,

Die wichtigsten Abkürzungen in diesem Buch

HM = Höhenmeter
km = Kilometer
ÖPNV = Öffentlicher Personen-Nahverkehr
ZOB = Zentraler Omnibusbahnhof
Bhf = Bahnhof
Mo, Di, Mi, Do, Fr, Sa, So = Wochentage
Fei = Feiertag
JH = Jugendherberge
EZ = Einzelzimmer
DZ = Doppelzimmer
DBZ = Dreibettzimmer
FeWo = Ferienwohnung
ÜpP = Übernachtung pro Person
ÜF = ÜpP mit Frühstück

Tipp: Adressen zu Unterkünften und Campingplätzen finden Sie in den jeweiligen Tourenbeschreibungen.

die vor verschlossener Tür stehen. Erkundigen Sie sich vorab über die Öffnungszeiten und nehmen Sie stets eine **Notration** mit: Müsliriegel und eine Tafel Schokolade sind ein wahres Wander-Power-Menü. Mindestens 1 Liter Wasser pro Person ist Pflicht.
Einige Tagesetappen führen durch entlegene Gegenden ohne Einkehrmöglichkeiten. Hinweise auf **Einkaufsmöglichkeiten** finden Sie in den Tourenbeschreibungen. Ein warmer Tee und eine zünftige Brotzeit auf einer lauschigen Waldlichtung oder an einer einsamen Aussichtshütte mit Blick über die Eifelhügel sind durch keine noch so gute Sommerfrische dieser Welt zu toppen.

Unterkünfte

Hotels oder Pensionen gibt es an allen Start- und Endpunkten der Tagesetappen. In den jeweiligen Tourenbeschreibungen sind meist einfache, aber in jedem Fall saubere Herbergen angegeben. Leider ist die Eifel ein teures Pflaster. Die angegebenen **Preise** beziehen sich auf eine Übernachtung pro Doppelzimmer inklusive Frühstück (DZ) oder auf eine Übernachtung pro Person ohne Frühstück (ÜpP). Mit 50 € aufwärts im DZ müssen Sie rechnen. Buchen Sie Zimmer in Hotels oder Pensionen generell im Voraus. Das funktioniert am schnellsten über das Internet oder die örtlichen Fremdenverkehrsbüros:

- **Deutschland:** *Eifel Ferienkatalog*, hrsg. von Eifel Tourismus GmbH, Kalvarienbergstraße 1, 54595 Prüm. Buchung über www.eifel.info oder unter ✆ & Fax 0180/5002283.
- **Belgien:** *Zu Gast in Belgien*, hrsg. Verkehrsamt der Ostkantone, Mürlenbachtsr. 2, Postfach 66, B-4780 St. Vith, ✆ 0032/(0)80/2276 64, Fax 226539, www.eastbelgium.com.
- **Luxemburg:** Vielfältige Informationen zu Unterkünften aller Art unter www.visitluxembourg.lu.

Jugendherbergen (JH) sind eine preisgünstigere Alternative zu Hotels und Pensionen. Voraussetzung ist, dass Sie einen Jugendherbergsausweis besitzen. Diesen bekommen Sie problemlos bei jeder Jugendherberge. Komfort und Preise unterscheiden sich teilweise sehr. Eine Übernachtung inklusive Bettwäsche und mit meist sehr einfachem Frühstück kostet für eine Person um die 20 €. Vorbei sind jedoch die Zeiten, als Wanderer in riesigen Schlafsälen übernachten mussten. Doppel- oder Kleingruppenzimmer bietet heute jede Herberge an. Buchung über **www.djh.de**, in Belgien über **www.laj.be** und in Luxemburg **www.youthhostels.lu**.

Tipp: Die **Jahresmitgliedschaft** im djh-Verband kostet in der Junior-Kategorie (bis einschließlich 26 Jahre) 12 €, für Familien und 27plus 20 €.

Camping ist die naturnaheste und mit 5 – 16 € günstigste aller Übernachtungsmöglichkeiten. Campingplätze gibt es in der Eifel fast überall. Leider bedeutet Camping und Langstreckenwandern in der Regel, dass Sie Ihre Camping-Ausrüstung mit sich schleppen. Jeder noch so kleine Campingplatz ist in den Karten des Eifelvereins eingezeichnet, auch sol-

Meist idyllisch, manchmal feucht: Zelten bei Kyllburg (Tour 5)

che, die nicht in offiziellen Verzeichnissen zu finden sind:

- Das »Campingmagazin« der Eifel Tourismus GmbH stellt eine ganze Reihe großer Campingplätze im Eifelraum vor. Buchung unter ✆ & Fax 0180/ 5002283 oder **www.camping-eifel.de**.
- Camping in Luxemburg: **www.camprilux.lu**.
- Camping in Belgien: **www.campingbelgique.be.**

Die Ausrüstung

Nimmt Ihnen nichts ab: Wächter am Wegesrand

Schuhe: Die meisten Outdoor-Ausrüster empfehlen für Mittelgebirgstouren leichte Trekkingschuhe. Ich benutze generell schwere Wanderschuhe, denn dem Fußgelenk ist es gleich, ob es auf einem Felsenblock in den Alpen oder der Eifel umknickt. Einige Teilpassagen unterscheiden sich im Gefälle und in Bezug auf die Beschaffenheit der Wege nicht von Hochgebirgstouren. Imprägnieren Sie Ihre Schuhe, auf manchen Touren kann es feucht werden.

Rucksack: Auf einer Mehrtagestour werden Sie Ihren guten Rucksack lieben lernen, für den Sie ein paar Euro mehr hingelegt haben. Lassen Sie sich im Fachhandel beraten. Stabilität, Funktionalität und vor allem ein gutes Tragesystem schätzen Sie spätestens am 2. Wandertag, wenn Sie das Gepäck für mehrere Tage wieder auf Ihren verkaterten Rücken schnallen.

Moderner **Regen- und Wärmeschutz** ist für Mehrtagestouren unerlässlich: Fleece- und Regenjacke bzw. Windstopper (↗ Eifelwetter). Bei Winterwanderungen steht der **Wärmeschutz** im Vordergrund. Dann empfiehlt es sich, **Stutzen** oder **Überschuhe** mitzuführen. Beachten Sie, dass Ihr Gepäck in den kälteren Jahreszeiten deshalb um ein Vielfaches schwerer ist als im Sommer.

Trekkingstöcke: Sie sind auf Touren mit stetigem bergauf- und ab durchaus eine Entlastung für den Körper, aber keinesfalls notwendig. Ansonsten stel-

CHECKLISTE AUSRÜSTUNG

Muss-Liste

- ❑ Rucksack
- ❑ feste Wanderschuhe
- ❑ Wandersocken, 2 Paar
- ❑ Wanderhose
- ❑ Oberbekleidung aus Baumwolle
- ❑ Kopfbedeckung
- ❑ Fleecejacke oder -pulli
- ❑ atmungsaktive Regenhose
- ❑ atmungsaktive, wasserdichte Jacke
- ❑ Wanderkarten
- ❑ Kompass
- ❑ Uhr
- ❑ Taschenmesser
- ❑ Stirnlampe mit vollen Akku-Batterien
- ❑ Proviant
- ❑ Ein-Liter-Trinkflasche
- ❑ Pflaster, elastische Binde oder kleines Erste-Hilfe-Set
- ❑ dieses Buch

Kann-Liste

- ❑ Wäsche und Körperpflegeartikel nach persönlichem Bedarf
- ❑ GPS-Gerät
- ❑ Fernglas
- ❑ Fotoapparat, Ersatz Akku-Batterien
- ❑ Handy
- ❑ Zelt, Isomatte, Schlafsack
- ❑ Plastiktüten/Regenschutz für den Rucksack
- ❑ leichte Schuhe für abends
- ❑ Sonnenbrille
- ❑ …

Achtung Gewicht!

Beim Packen des Rucksackes sollten Sie die Waage bereitstellen. Zu schweres Gepäck wird schnell zur Qual! Ein Rucksack, dessen Gesamtgewicht (inklusive Tagesverpflegung und Wasser) 8 kg nicht überschreitet, wird auch einem ungeübten Wanderer keine Probleme bereiten. Bei 10 oder gar 12 kg wird jedoch die Wohlfühlzone meist überschritten sein.

len sie eher ein Zusatzgewicht dar, das getragen werden will.

Schlafsack und Zelt: Aufgrund der gelegentlichen Wetterumschwünge in der Eifel sollten Camper Ihre Ausrüstung nach der Regel »leicht, wetterfest und wärmespendend« zusammenstellen.

Informationsquellen zum Eifel-Ardennen-Raum

Die wichtigsten Informationsquellen zu Kultur, Natur, Unterkünften und Tourismus:

www.eifelverein.de: Eifelverein e.V., Stürtzstraße 2 – 6, 52349 Düren, ✆ 02421/13121.

www.eifel-tourismus.de: Eifel Tourismus GmbH, Kalvarienbergstraße 1, 54595 Prüm, ✆ 06551/9656-0, Fax 9656-96.

www.rheinland-info.de: Landesverkehrsverband Rheinland.

www.rlp-info.de: Rheinland-Pfalz Tourismus GmbH, Löhstraße 103 – 105, 56068 Koblenz, ✆ 0261/91520-0, Fax 91520-40.

www.nationalpark-eifel.de: Landesbetrieb Wald und Holz NRW, Nationalparkforstamt Eifel, Urftseestraße 34, 53937 Schleiden-Gemünd, ✆ 02444/9510-0, Fax 9510-85.

www.naturpark-eifel.de: Verein Naturpark Nordeifel im Deutsch-Belgischen Naturpark Hohes Venn-Eifel, Geschäftsstelle Steinfelder Straße 8, 53947 Nettersheim, ✆ 02486/911-117, Fax 911-116.

www.deutsch-luxemburgischer-naturpark.info

www.vulkanpark.de

Tipp: Eine erfahrene **Landkartenhandlung**, die auch Bücher und Karten versendet, ist Geo-Buchhandlung & Landkartenhaus Angermann, Mauergasse 21, 65183 Wiesbaden, ✆ 0611/376061, Fax, 300385, www.landkartenhaus.de.

HOHES VENN & WARCHE-TAL

HOHES VENN & WARCHE-TAL

RUND UM DEN NATIONALPARK EIFEL

WALDEIFEL & AHRGEBIRGE

AHRGEBIRGE & BROHLTAL

ELZTAL & HOHE ACHT

LIESERTAL & MAARE

GEROLSTEIN & KYLLTAL

SCHNEIFEL & PRÜM

AN PRÜM, SAUER & KYLL

VON LUXEMBURG NACH BITBURG

GIPFELSTURM AUF BELGIENS HÖCHSTEN BERG

1

Auf diesem 2-tägigen Abstecher nach Belgien erwartet Sie eine der anspruchvollsten Touren im Eifel-Ardennen-Raum. Sie werden unterwegs fluchen. Aber zurück in Monschau werden Sie sich sagen: »Die Mühen waren es wert.« Denn die Wanderung durchs Hohe Venn und Warchetal führt nicht nur durch eindrucksvolle Landschaften und über tolle Pfade. Sie werden auch auf Belgiens höchstem Gipfel stehen.

DIE ERSCHAFFUNG DES BALTIAHÜGELS

▶ Der Botrange ist eigentlich kein Berg, sondern eine weitläufige Hochfläche, aus der ein 6 Meter hoher Pickel herausragt. Etwas versteckt steht hinter dem Restaurant *Signal de Botrange* der Baltiahügel, der Belgiens höchsten Berg zu einem 700er macht. Offiziell misst der Botrange nur 694 m. »Wie denn, was denn nun? 700 oder 694 Meter?«, frage ich mich, oben angekommen. Und als ich die Inschrift auf dem Gipfelstein lese, muss ich unweigerlich an den Spielfilm denken: »Der Engländer, der auf einen Hügel stieg und von einem Berg herunterkam«.

Der junge Hugh Grant spielt darin einen englischen Landvermesser, der in das kleine wallisische Dorf Ffynnon Garw kommt, um einen nahe gelegenen Hügel zu vermessen. Nur ab einer bestimmten Höhe würde er als Berg gelten und in die königliche Karte eingetragen werden. Aber er ist 16 Fuß zu niedrig. Damit wollen sich die stolzen Dorfbewohner jedoch nicht abfinden. Die schöne Betty bietet all ihre Reize auf, um den jungen Landvermesser im Dorf zu halten. Die Bewohner schütten derweil, Wind und Wetter trotzend, den Hügel auf, bis er die geforderte Höhe erreicht. Und der junge Grant spielt natürlich mit, vermisst den Hügel als Berg und heiratet die schöne Betty.

Offiziell ist der 6-Meter-Hügel auf dem Signal de Botrange ein Vermessungspunkt, errichtet im April

Gänsemarsch: Auf dem ehemaligen Grenzerpfad durchs Moor des Hohen Venns

1928 von dem patriotischen Generalleutnant *Baron Hermann von Baltia* aus Malmédy. Ein kluger Vermessungspunkt. Er wird überragt von den Wäldern ringsherum, aber macht aus dem Botrange den höchsten Berg Belgiens.

»700 m«, notiere ich trotzdem in mein DAV-Tourenbuch. »Der Pfad über schwere Moorböden, Felsbrocken und Wurzeln durch das Helletal hinauf zum Signal ist anstrengend. Die letzten 6 Meter hinauf zum höchsten Punkt sind extrem steil.« Auf 700 m Höhe stehend, frage ich mich, wann ich jemals wieder auf dem höchsten Berg eines Landes stehen werde. Bislang war mir das nur auf der Zugspitze vergönnt gewesen. ◀

✷ **Tipp:** Der Pfad durchs Helletal sucht in der Eifel seinesgleichen. Bei gutem Wetter lohnt sich die Plackerei hinauf zum Signal de Botrange. Bei Regenwetter sollten Sie ihn unbedingt meiden, um nicht zwischen Steinen und umgekippten Bäumen knöcheltief im Morast zu versinken.

Tourencharakter

Die sehr anspruchvolle Tour führt durch die einzigartige Landschaft des Hohen Venns und durch die

Die Wanderung in Kürze — 2 Tage, 58 km, 1105 HM

Schwierigkeitsgrad: Die anspruchvollste Tour in diesem Buch mit 2 langen Tagesdistanzen. Sehr gute Kondition ist unerlässlich.

1. Tag: Monschau → Bevercé 29 km

2. Tag: Bevercé → Monschau 29 km

Höchster Punkt: Signal de Botrange (694 m)

Anfahrt: Mo – Sa mit der Bahn bis Aachen Hbf, weiter mit Bus 166. So mit der Eifelbahn bis Kall, weiter mit Bus 815 nach Monschau. Direkt von Trier Hbf aus mit dem Flughafenbus Flughafen Hahn – Trier – Aachen (14.30 Uhr, www.jozi-reisen.de).

Rückfahrt: So mit Bus 815 nach Kall (letzte Fahrt 18.28 Uhr), weiter mit der Eifelbahn. Mo – Sa mit Bus 166 bis Aachen Hbf. Ab Monschau/Post mit Flughafenbus Aachen – Trier – Flughafen Hahn direkt nach Trier (19.09 Uhr).

Unterkunft: In Monschau, Bevercé.

Busverbindung entlang der Wanderstrecke: 1. Tag: Von Bevercé über Malmédy und Verviers zurück nach Aachen.

Beste Jahreszeit: Wegen der langen Etappen an den langen Tagen im Juni – Aug.

tief eingeschnittenen Täler von Bayehon, Warche und Rur. Obwohl die Tour mit nur 1105 Höhenmetern auf 59 km relativ wenige Steigungspassagen aufweist, haben es die Pfade durch diese Täler in sich: Sie sind Kräfte zehrend und wundervoll. Abschnittsweise ist das Terrain fast alpin. Gute Kondition ist daher unerlässlich. Verzichten Sie auf entbehrliches Gepäck.

Monschauer Land Rurseegebiet (EV-K 3); *Hautes Fagnes* (Institut Geographique National Belgique, 1:25.000).

Tipp: Sie können die Tour auch als **3-Tages-Wanderung** gestalten. Übernachten Sie beide Nächte in Ovivat. Informationen zu Unterkünften: www.eastbelgium.com.

Monschau

Idealerweise reisen Sie am Vortag nach Monschau an. Denn die Anreise braucht etwas Zeit und Sie sollten am 1. Tag früh starten. Das malerische Fachwerkstädtchen ist eine der Hauptattraktionen in der Eifel. Es liegt, überragt von zwei Burgen, im romantischen Rurtal. Hier gibt es viel zu entdecken: z.B. das Rote Haus und die vielen Venn-Gebiete in der Umgebung. Bleiben Sie ruhig einen Tag länger.

1. Tag

Monschau (400 m) → Mützenich (570 m) 4 km → Grand Bongard (510 m) 11 km → Signal de Botrange (700 m) 18 km → Warchetal (420 m) 24 km → Bevercé (350 m) 29 km

Wanderzeit: 9 Std.

Schwierigkeit: Tolle, aber sehr anspruchsvolle und lange Wanderung.

Höhenmeter: 490 m

Höchster Punkt: Signal de Botrange (694 m)

Startpunkt: Bushaltestelle Monschau/Parkhaus

Einkehr: Am Signal de Botrange

GPS Bevercé:
O 006°02´19´´
N 50°26´28´´

Durch das Hohe Venn nach Bevercé

Starten Sie früh und teilen Sie sich Ihre Kräfte gut ein, die sind bis zum Etappenziel gefordert. Aber vergessen Sie nicht, die Landschaft zu genießen. Das Hohe Venn ist im Eifel-Ardennen-Raum mit nichts zu vergleichen.

Auf dem 1. Teilabschnitt der Etappe bis Mützenich überwinden Sie viele Höhenmeter und bis zur belgischen Grenze wandern Sie teilweise über unmarkierte Wege. Hier müssen Sie sich gut orientieren.

✉ **und ℹ Restaurant Signal de Botrange,** N676, B-4950 Robertville, ✆ 0032/(0)80/447300, Di Ruhetag.

In 4960 Malmédy-Bevercé:

Auberge Hautes Fagnes, Route d'Eupen 36, ✆ 0032/(0)80/338386, Fax 770504, www.laj.be, malmedy@laj.be, 178 Betten, ÜpP ca. 15 €, im Aug, Okt und Nov wochenweise geschlossen.

Hotel Restaurant De la Warche, Route d'Eupen 44, ✆ 0032/(0)80/771827, Fax 770829, www.hoteldelawarche.be, 8 DZ, 59 €.

Camping Grotte des Nains, Route d'Eupen 38, ✆ 0032/(0)80/3338197, 66 Zeltplätze, ÜpP ca. 12,35 €, geöffnet Aug – Okt.

Schlendern Sie zunächst in westlicher Richtung durch das Zentrum von **Monschau**. An der B258 treffen Sie unterhalb des *Parkplatzes Biesweg* auf die **Markierung A1.** Hier steigen Sie über einen Waldpfad steil bergauf in Richtung *Ehrensteinley*. Von dem mächtigen grauen Felsquader haben Sie eine tolle Aussicht auf das Rurtal. Ebenso steil geht es auf der anderen Seite wieder bergab. Folgen Sie dem Rurtal ca. 300 m flussaufwärts über eine markante Steintreppe. Hinter der Fischerhütte fällt rechter Hand ein kleines Bachtal ab. Zwischen der Fischerhütte und dem Bach führt ein Pfad über einige Serpentinen bergauf bis zum *Grillplatz Weilersbroich*. Wandern Sie nun unter der Eisenbahntrasse hindurch entlang der **Markierung A2** hinein ins ***Heckendorf*** **Mützenich**. Von der L106 bis zur Grenze laufen Sie auf unmarkierten Wegen durch das Dorf: Folgen Sie dem *Steinbüchel,* dann links ab in den *Jungchenbüchel,* rechts ab in den *Kleinbüchel* und schließlich auf der **Markierung 2** bis zu einer Querstraße mit der **Markierung 3.** Linker Hand liegt ein Gehöft, vor dem ein breiter Feldweg nach Westen auf die Grenze zuläuft. Der ehemalige ***Grenzerpfad*** ist entgegen den Angaben der Karte nicht markiert, aber leicht als solcher zu erkennen. Durch eine breitere Schneise führt die schmale Trampelspur durch hohe goldgelbe Moorgräser aufs *Brackvenn* zu.

Südlich des Brackvenns treffen Sie auf einen breiten Schotterweg. Nun sind die Wege wieder markiert, allerdings teilweise anders als in der Karte. Entlang der **Markierungen rotes Rechteck** bzw. **blaues Kreuz** wandern Sie durch Moore und Tannenwälder hinab zum **Grand Bongard**. Über eine Furt überqueren Sie die *Helle*. Sind die Bedingungen hier schon nass und schwierig, wählen Sie lieber den GR573 östlich des Bachs.

Der Normalweg führt westlich um das Grand Bongard herum und über einen abenteuerlichen Pfad direkt am Bach bergaufwärts, **Markierung rot-weißes Vier-**

Tipp: Die ersten 4 km bis Mützenich/Zoll können Sie mit dem Bus 85 (Mo – Fr) oder 385 (Sa und So) abkürzen.

*Typisch für die Monschauer Eifel sind die haushohen **Buchenhecken**. Seit Generationen gepflegt schützen sie Haus und Hof vor dem schneidenden Wind. Hineingeschnittene Fenster und Torbögen machen sie sehenswert.*

Auf dem nahezu wasserundurchlässigen Schiefer und Quarzit, aus dem der Höhenrücken des Venn (indogerm. Sumpf) besteht, hat sich im Laufe der Jahrtausende durch Schichten abgestorbener Pflanzen ein ***Moor*** *gebildet. Auf dem nährstoffarmen Boden wachsen vor allem Heidekrautgewächse und boreale Gräser wie Wollgras und das buschige Pfeifengras, aber auch Moosbeere, Sonnentau, Lungen-Enzian und Geflecktes Knabenkraut. Die Tierwelt ist nicht sehr artenreich. Für Goldregenpfeifer und Birkhuhn ist das Hohe Venn jedoch ein wichtiges Brutgebiet.*

eck. Das Schild »Schwieriger Pfad« warnt allzu unvorsichtige Wanderer: Auf 1,5 km Länge laufen Sie über moorige Böden, Steine und Wurzeln. Die Steigung auf diesem kurzen Stück ist moderat. Rechnen Sie dafür dennoch 1 Stunde. Durch das *Wallonische Venn* wandern Sie auf Holzstegen weiter bergauf. Nach einem weiteren Kilometer folgt der Pfad dem Waidages-Bach nach Südwesten bergauf. Genießen Sie diese einmalige Landschaft: Überall gurgelt und sprudelt es. Der Wind streicht durch die langen und gelben Halme der Moorgräser. Vereinzelt ragen riesige graue Baumgerippe aus der gespenstigen **Moorlandschaft** heraus. Auf der Höhe angekommen, laufen Sie am Waldrand entlang nach Süden bis zu einer großen Aussichtsplattform. Über die N676 gelangen Sie zum **Signal de Botrange**.

Gedopt: Der Baltiahügel am Signal de Botrange ist auf 700 m aufgeschüttet

Endlich stehen Sie auf dem höchsten Gipfel Belgiens. Verpflegung gibt es entweder in der **Gaststätte am Signal** oder im **Naturparkzentrum** 1 km südlich. Dorthin gelangen Sie auf dem GR 568, **Markierung blauer Balken.**

Die letzten 10 km bis Bevercé erfordern nicht mehr viel Kondition. Sie laufen im Wesentlichen talabwärts durch die wundervollen Täler von *Ghaster* und *Bayehon* über einen wilden Pfad dem Etappenziel entgegen, **Markierung blaues Rechteck.** Sie passieren die *Moulin du Bayehon* und gelangen ins **Warchetal**. Die letzten 5 km auf dem Grund des tief eingeschnittenen Tals wandern Sie entspannt über einen Forstweg nach Westen, **Markierung gelber Balken.** Gratulation! Sie haben die schwerste Tour in diesem Buch bewältigt und sich in **Bevercé** definitiv ein leckeres belgisches Bier und das Nationalgericht ***moules et frites*** verdient.

Wissenswertes zur Naturlandschaft Hohes Venn sowie Snacks und Getränke gibt es im **Naturparkzentrum Botrange**, Route de Botrange 131, 4950 Robertville, ✆ 0032/(0)80/440300, Fax 444429, www.centrenaturebotrange.be, Mo – So 10 – 18 Uhr.
Das Naturparkzentrum informiert auch über eventuelle Sperrungen bestimmter Zonen zum Schutz der empfindlichen Landschaft oder bei erhöhter Feuergefahr.

Pommes frites *sind auf jeden Fall eine belgische Spezialität. Eine belgische Familie, die etwas auf sich hält, wird sie jeden Mittag frisch aus rohen Kartoffeln zubereiten. Wenn es dazu Miesmuscheln gibt – umso besser!*

2. Tag

Von Bevercé zurück nach Monschau

Der Rückweg nach Monschau ist etwas leichter als die Wanderung am Vortag. In Punkto Attraktivität aber steht er ihr in nichts nach. Ein wilder Pfad führt zunächst den Nordhang des Warchetals entlang und anschließend wandern Sie über weite Hochmoor-Ebenen zurück ins Rurtal.

Die größte Schwierigkeit des Tages liegt im 1. Drittel der Etappe: der Rückweg durchs Warchetal.

Beverçé (350 m) → Burg Reinhardstein (450 m) 7 km → Ovivat (580 m) 10,5 km → Ponte de Bosfagne (560 m) 15 km → Kreuz im Venn (575 m) 23 km → Monschau (400 m) 29 km
Wanderzeit: 8 Std.
Schwierigkeit: Mittelschwere und sehr lange Wanderung.
Höhenmeter: 615 m
Höchster Punkt: Pannensterzkopf (655 m)
Startpunkt: Jugendherberge Berverçé
Einkehr: In Ovivat
GPS Monschau/Parkhaus: O 006°14´24´´
N 50°33´26´´

▶ Den Einstieg finden Sie in **Beverçé** am *Camping du Moulin*. Rechts ab durch den Campingplatz führt Sie der ***GR56W,*** **Markierung grüne Rombe,** den Südhang der Warche hinauf. Auf den kommenden 6 km bis zur Burg verläuft die Strecke über einen wunderbaren Pfad. Kurze Anstiege folgen in kurzen Abständen. Von einigen Felsplateaus aus haben Sie einen wunderbaren Blick auf die steilen Hänge des Tals. Der Weg ist durch unterschiedliche Symbole markiert. Achten Sie darauf, dass Sie erst wieder ins Tal laufen, wenn Sie oberhalb der **Burg Reinhardstein** stehen. Folgen Sie dem Pfad mit der **Markierung gelbe Rombe** ins Tal, dann östlich um die Burg herum, bis Sie hinter einem Steg auf die Zufahrtsstraße der Burg stoßen. Dem Asphaltweg folgen Sie steil bergauf bis zur Kirche in **Ovivat**. Auf dem Weg dorthin befindet sich ein ☒ **Gasthaus** und eine kleine Kapelle. Nördlich von Ovivat treffen Sie auf den **GR56,** der Sie ein ganzes Stück in Richtung Monschau begleitet. Folgen Sie der **Markierung rote Rombe** bis nach **Bosfagne.** Hinter dem Ort laufen Sie auf einem schmalen Pfad über Gras, Wurzelwerk und gelegentlich auch durch Pfützen durch ein Moorgebiet zum *Croix*

Zahlreiche Geststätten in B-4960 Ovivat:
☒ **Hostellerie du Cheneux,** Chemin du Cheneux 32, ✆ 0032/(0)80/440400, Fax 440410, www.cheneux.be, täglich geöffnet.
In 52156 Monschau:
🏠 **Burghotel,** Laufenstraße 1, ✆ 02472/2332, Fax 912364, www.burghotel-monschau.com, 31 Betten, DZ ab 70 €.
🏠 **JH Burg Monschau,** Auf dem Schloss 4, ✆ 02472/2314, Fax 4391, burg-monschau-burg@jugendherberge.de, ÜF ab 16,20 €.
⛺ **Camping Perlenau,** Perlenau 7, ✆ 02472/4136, Fax 4493, www.monschau-perlenau.de, ÜpP 10,30 €, geöffnet März – Okt, 2 km südlich vom Zentrum.
ℹ **Nationalpark-Infopunkt Monschau,** Stadtstraße 16, ✆ 02472/80480, Fax 4534, www.monschau.de, täglich 10 – 17 Uhr.
ℹ www.naturparkeifel.de.

des *Russes*, **Markierung roter Balken.** Hinter der Brücke am Kreuz folgen Sie der **Markierung blaues Rechteck** zunächst nach Osten, dann nach Norden durch die Moorgebiete *Grand* und *Petit Troupa* auf den Koschbend zu und wieder auf dem GR56 der **Markierung blauer Balken** folgend bis zum höchsten Punkt am *Pannensterzkopf*. Hochmoore und lichte Tannenwälder mit unendlichen Blaubeerfeldern wechseln sich unterwegs ab. Den weiten Rechtsbogen des GR56 am Hardtmoor können Sie rechter Hand über einen wundervollen Waldweg abkürzen. Über Asphalt- und Schotterwege laufen Sie schließlich zum **Kreuz im Venn** an der Grenze. Das 6 m hohe Kreuz steht auf der Felsspitze *Richesley*, die ihrerseits 12 m aus dem Bovelsvenn herausragt.

Zurück nach Monschau

Vom *Kreuz im Venn* führt ein schöner Waldweg hinab zum *Gut Reichenstein*. Auf deutscher Seite folgen Sie dem schmalen Pfad mit der **Markierung A5** am Nordufer der Rur. Die Rur fließt hier durch ein wildes Flussbett talwärts. Ihr Wasser ist von den Moorquel-

Romantisch: Burg Reinhardstein

*Die **Burg Reinhardstein** ist in Privatbesitz. Besichtigung nur im Sommer an So und Fei. 300 Jahre lang war sie in Besitz der Familie Metternich. Historiker vermuten, dass das dazu beitrug, dass Malmédy auf dem Wiener Kongress (1815) Preußen zugeschlagen wurde.*

len noch ganz braun gefärbt. Vom *Parkplatz Dreistegen* kennen Sie den Rückweg nach Monschau vom Vortag.

Berühmt über die Region hinaus: Das Rote Haus von Monschau gehörte einst einer Tuchmacherfamilie

RUND UM DEN NAT.-PARK EIFEL

HOHES VENN & WARCHE-TAL

RUND UM DEN NATIONALPARK EIFEL

WALDEIFEL & AHRGEBIRGE

AHRGEBIRGE & BROHLTAL

ELZTAL & HOHE ACHT

LIESERTAL & MAARE

GEROLSTEIN & KYLLTAL

SCHNEIFEL & PRÜM

AN PRÜM, SAUER & KYLL

VON LUXEMBURG NACH BITBURG

DER ETWAS ANDERE EIFELSTEIG

2

Das Land NRW hat seinen ersten Nationalpark. Und selbstverständlich führt eine Tour durch seine faszinierenden Wasserlandschaften, die weitläufigen Buchenwälder und über vennartige Hochebenen. Seit 2004 darf sich hier die Natur wieder natürlich entwickeln. Machen Sie sich ein Bild von ihrem derzeitigen Zustand und kehren Sie in einigen Jahren noch einmal zurück. Ob Sie dann wohl blühende Urwaldlandschaften vorfinden?

DIE GROSSE VERSUCHUNG

▶ Den ganzen Herbst hindurch hatte ich keinen einzigen essbaren Pilz gefunden. Nun standen 5 perfekt geformte Braunkappen am Wegesrand. Ich brauchte nur zuzugreifen.

»Komm, nimm sie. Sie sind perfekt«, meldete sich das Teufelchen in mir zu Wort. Wie fremdbestimmt streckte sich meine Hand aus. »Nein!«, rief das Engelchen in mir. »Die Natur, der Nationalpark, all das ist dir doch heilig. Du hast es doch groß verkündet.« Meine Hand zuckte zurück. Das Engelchen hatte Recht: Erst große Reden auf den Naturschutz halten und dann zuwider handeln, das geht nun wirklich nicht. Und schließlich befand ich mich im neuen Nationalpark Eifel.

Aber diese 5 Braunkappen waren wirklich perfekt. Sie würden unser Fertiggericht *Nudelauflauf Müllerin Art* erheblich schmackhafter machen. Ich war an diesem Wochenende mit meinem Kumpel Florian aus Karlsruhe unterwegs. Mit Zelt und Kocher im Rucksack wollten wir die 100 km in 3 statt 4 Tagen schaffen. Dazu brauchten wir gute Nahrung.

Die Pilze blieben stehen. Das Engelchen behielt die Oberhand. Nur die älteste Braunkappe schnitt ich ab, um Florian, der sich nicht mit Pilzen auskennt, zu zeigen, woran man die essbaren Röhrenpilze erkennt. »Hier an dem gelben Schwamm an der Unterseite der Kappe.« ◀

Herbstlich verschleiert: Blick auf die Staumauer der Urfttalsperre

Tourencharakter

Keine Tour in diesem Trekkingführer ist länger und keine weist mehr Höhenmeter auf. Und dennoch steht auf dieser 4-Tages-Tour nicht so sehr das sportliche, sondern das Naturerlebnis im Vordergrund. Sie folgt grob dem Verlauf des klassischen Eifelsteigs einmal um den Nationalpark Eifel herum, oft aber mit Varianten, um hässliche Wanderautobahnen zu umgehen. Anspruchsvolle Pfade mit knackigen Steigungen wechseln sich immer wieder mit einfacheren ab.

Varianten

Gute Verkehrsanbindungen und der Rundkurs machen es möglich: Sie können Ihre Tour an jedem Etappenziel starten oder abbrechen. In fast jedem Ort entlang der Strecke gibt es Gasthöfe und Einkehrmöglichkeiten.

✸ **Tipp: Kombinierte 8-Tages-Tour:** Verbinden Sie Tour 2 mit Tour 3 und 4 (↗ Rucksack packen & Schuhe schnüren).

Der Nationalpark Eifel

Er wurde Anfang 2004 als jüngster der 14 Nationalparke in Deutschland ins Leben gerufen. Herzstücke des Parks sind die Wasserlandschaften von *Urft-,*

Die Wanderung in Kürze — 4 Tage, 100,5 km, 2738 HM

Schwierigkeitsgrad: Die längste aller 10 Touren. Sie ist mittelschwer, aufgrund der Gesamtdistanz sind eine gute Kondition und leichtes Gepäck ratsam.

1. Tag: Nettersheim → Hellenthal 27 km

2. Tag: Hellenthal → Hirschrott 20 km

3. Tag: Hirschrott → Heimbach 24,5 km

4. Tag: Heimbach → Urft 28 km

Höchster Punkt: Auf der Heide (619 m)

Anfahrt: Stündlich von Köln bzw. Trier mit der Eifelbahn nach Nettersheim.

Rückfahrt: Stündlich von Urft mit der Eifelbahn nach Köln bzw. Trier.

Weitere Bahnhöfe an der Wanderstrecke: Tag 1: Blankenheim Wald. Tag 3: Heimbach. Tag 4: Kall.

Unterkunft: In Hellenthal, Hirschrott, Einruhr, Heimbach, Urft.

Beste Jahreszeit: Spätsommer und Frühherbst.

Rur- und *Obersee*, das Gelände des früheren Truppenübungsplatzes *Vogelsang* und das Buchenwaldgebiet *Kermeter*. Die Wälder im Nationalpark brauchen natürlich noch Zeit, um sich wieder zum Urwald zurückzuentwickeln. Florian und ich haben bereits unseren Beitrag dazu geleistet. Im seinem südlichen Teil ist die Natur schon wieder sehr ursprünglich.

Nettersheim Kall (EV-K 5); *Hellenthal* (EV-K 14); *Nationalpark Eifel* (EV-K 50).

1. Tag

Nettersheim (450 m) → Bhf Blankenheim Wald (490 m) 10 km → Paulushof (577 m) 15 km → Wildenburg (530 m) 19 km → Reifferscheid (460 m) 24 km → Hellenthal (390 m) 27 km

Wanderzeit: 7 Std.

Schwierigkeit: Eine lange, mittelschwere Wanderung.

Höhenmeter: 604 m

Höchster Punkt: Parkplatz Silberberg (590 m)

Startpunkt: Bhf Nettersheim

Einkehr: In Wildenburg, Reifferscheid

GPS Hellenthal:
O 006°26´08´´
N 50°29´28´´

*Die **Görresburg** wird auf das 2. – 4. Jahrhundert datiert. Innerhalb des Bezirks gab es drei Tempelchen, die Schutz- und Fruchtbarkeitsgöttinnen geweiht waren.*

Von Nettersheim nach Hellenthal

Römische Tempelanlagen, mittelalterliche Burgen, weitläufige Waldgebiete, enge Täler und steile Anstiege. Die 1. Etappe auf dem etwas anderen Eifelsteig ist äußerst abwechslungsreich, aber lang. Teilen Sie sich Zeit und Kondition daher gut ein.

▶ Ihr Startpunkt **Nettersheim** hat sich als Naturerlebnisdorf einen Namen gemacht. Von Norden und Süden aus ist es ausgezeichnet mit der Bahn zu erreichen, es gibt jedoch keine Unterkünfte. Besser Sie reisen früh morgens mit der Bahn an, wandern zunächst am *Naturschutzzentrum Eifel* vorbei und dann das Ostufer der Urft entlang bis zum römischen Kulturdenkmal *Steinrütsch*, **Markierung 6.** Hier wechseln Sie wieder auf das Westufer der Urft. Auf einem Hügel liegt das Matronenheiligtum **Görresburg**, die bekannteste gallorömische Ruine im Eifelraum. Wandern Sie durch die Tempelanlage hindurch und auf dem Höhenkamm bis zum Modellflugplatz, **Markierung 3.**

Hier biegen Sie nach links in den Wald ab. Bis zum Bhf Blankenheim Wald laufen Sie nun über unmarkierte Waldwege. Immer geradeaus in südwestlicher Richtung gelangen Sie kurz auf die **Markierung 4,** biegen am *Kürhelerheck* links auf den **Josef-Schramm-Weg** ab und sofort an der Schutzhütte nach rechts in einen unmarkierten Waldweg. An seinem Ende biegen Sie nochmals nach links und folgen dem Bachlauf talwärts, bis Sie auf den *Laufbach* treffen. Diese Bachläufe liegen abgelegen und idyllisch. Folgen Sie dem Laufbach nach rechts bis zum Höhenpunkt 537 m. An der Brücke wenden Sie sich nach links und folgen dem Waldweg über eine einsam gelegene Furt am *Treisbach* bis zur B258. Der **Bhf Blankenheim Wald** liegt 200 m bergab rechts der B258.

Vom Bahnhofsgebäude wandern Sie die nächsten 5 km durch den riesigen Staatsforst Schleiden auf dem *Rhein-Rureifel-Weg,* **Markierung schwarzes**

Dreieck (12) bergauf nach Westen bis zum *Parkplatz Silberberg* und weiter bis zum **Paulushof.** Kurz vor dem Gehöft überqueren Sie die K76, wandern den unmarkierten Waldweg auf der gegenüberliegenden Straßenseite bergab und überqueren den *Kockesbach*. Bis zur Wildenburg sind die Wege nun wieder unmarkiert. Laufen Sie südwestlich an *Hecken* vorbei und anschließend gemächlich das *Hergelbachtal* hinab, bis Sie auf die **Markierung 2** treffen. Den *Manscheider Bach* überqueren Sie auf einer Holzbrücke. Der **Rhein-Rureifel-Weg** steigt als schmaler Pfad auf der gegenüberliegenden Seite zur **Wildenburg** hinauf. Die Burg liegt romantisch auf einem steilen, schmalen Bergrücken. Hier gibt es zwei **Gaststätten.**

Verkleidet: Die Wildenburg im Winter

Von der Wildenburg bis Hellenthal sind es nun noch 8 km und 3 weitere Anstiege. Die sind zwar steil, aber dafür relativ kurz. Durch die Burganlage hindurch steigen Sie auf einem Pfad mit der **Markie-**

Hotel Restaurant Burgschänke, 53940 Hellenthal-Wildenburg, ✆ 02482/7344, kein Ruhetag.

Gasthof Zur Wildenburg, 53940 Hellenthal-Wildenburg, ✆ & Fax 02482/7220, www.zur-wildenburg.de.

Gasthof Haus zum Wappen, Im Tal 12, 53940 Hellenthal-Reifferscheid, ✆ 02482/606646, Fax 125525, www.haus-zum-wappen.de, täglich geöffnet, 2 EZ, 8 DZ ab 70 €.

In 53940 Hellenthal:

Haus Berghof, Bauesfeld 16, ✆ 02482/7154, Fax 606209, www.hotel-berghof-hellenthal.de, hotel.berghof@freenet.de, 10 DZ ab 54 €.

JH Hellenthal, Platiß 3, ✆ 02482/2238, Fax 2557, jh-hellenthal@djh-rheinland.de, ÜF ab 14,60 €, 2 km südlich vom Ortskern.

Camping Hellenthal, Platiß 1, ✆ 02482/1500, Fax 2171, www.camphellenthal.de, ÜpP 12 €, 2 km südlich vom Ortskern.

Tourist-Information Hellenthal, Rathausstraße 2, 53940 Hellenthal, ✆ 02482/85115, Fax 85114, www.hellenthal.de, Mo – Fr 8.30 – 12.30 und 13.30 – 17 Uhr, Sa, So 10 – 12 Uhr.

rung 3 ins Tal ab und auf der gegenüberliegenden Seite der L22 über einen unmarkierten Weg wieder bergauf nach *Zingschied*. Umlaufen Sie den Ort südlich bis Sie abermals auf den **Rhein-Rureifel-Weg** stoßen. Er fällt, nun wieder als schmaler Pfad, steil zum Parkplatz Zingscheider Berg hin ab. Einen Kilometer weiter liegt **Reifferscheid,** ⊠ und ⌂. Hinauf zur **Burg** und zum historischen Ortskern, er liegt markant auf einem spitzen Bergkegel, kraxeln Sie über eine sehr steile, mit Kopfstein gepflasterte Straße.

Burg Reifferscheid: *Burgfried und spätgotische Kirche ragen weithin sichtbar aus dem geschlossenen Burgring heraus. Nehmen Sie sich etwas Zeit, um gemütlich durch das Kleinod mittelalterlicher Baukunst mit seinen Fachwerkbauten zu schlendern.*

Hellenthal

Die letzten knapp 3 km laufen Sie auf einem schmalen Pfad mit der **Markierung 6** hinunter zur K75, wieder bergauf über viele Wurzeln und Steine durch den *Kammerwald* bis zum *Züngesbend* und schließlich über Feldwege hinein in den ersten Etappenort. **Hellenthal** ist komplett auf Touristen eingestellt.

2. Tag

Durch den südlichen Teil des Nationalparks

Heute ist die Etappe deutlich kürzer als am Vortag. Zeit genug, um die Natur zu genießen. Sie durchwandern die Wald- und Wasserlandschaft der Oleftalsperre und erstmalig den Nationalpark, genauer gesagt das Gelände des früheren Truppenübungsplatzes Vogelsang. Hier ist die Renaturierung des Waldes schon sehr weit fortgeschritten.

Ihr 1. Zwischenziel auf dieser Etappe nach Hirschrott ist der Windpark Auf der Heide, 5 km westlich von Hellenthal. Der einfachste Weg dorthin führt zunächst den Rhein-Rureifel-Weg an der Oleftalsperre entlang. Aber der Uferweg ist eine langweilige Wanderautobahn. Sehr viel schönere Wege verlaufen durch die Tannenwälder am Nordhang der Talsperre.

▶ Steigen Sie vom Ortskern **Hellenthal** hinauf zum ⊠ **Wildgehege Hellenthal, Markierung 2.** Das Gasthaus ist die einzige Gelegenheit zur Einkehr am heu-

Tipp: Das **Wildgehege Hellenthal** ist besonders wegen seiner Greifvogelstation bekannt: erste Flugvorführung um 11 Uhr. Aber auch Tiere, die früher die Eifelwälder bevölkerten, haben hier ein Zuhause gefunden: z.B. Wisente, Auerochsen oder Luchse. www.wildgehege-hellenthal.de, April – Okt täglich 9 – 18 Uhr, 7 €, Nov – März 9 – 17 Uhr 5 € Eintritt.

tigen Tag. 400 m weiter am *Herrensheck* verlassen Sie den Rundwanderweg 2 und laufen über den *Lammerzberg* nach Süden zur **Oleftalsperre** hinab, wo Sie ca. 1 km dem ***Rhein-Rureifel-Weg*** folgen, **Markierung schwarzer Pfeil (12).** Über einen der vielen unmarkierten Wege steigen Sie wieder hinauf zum *Amerzberg*. Folgen Sie nun der **Markierung A2** bis zur Höhe *Knipp* unterhalb von Harperscheid. Hier befinden Sie sich auf knapp 600 m. Ein mit Gras und Ginster bewachsener Waldweg führt hinab ins *Jüngselbachtal*. Auf halbem Weg trifft er auf die **Markierung A2.** Folgen Sie ihr bis zur Talsperre, dann ein Stück am Ufer entlang und hinter der nächsten Biegung hinauf zum *Kalberberg*. An der **B258** treten Sie schließlich auf die freie Fläche hinaus. *Auf der Heide* ist der höchsten Punkt der gesamten Tour: 619,8 m. Auf den Feldern stehen 15 Windräder. Sie sind die letzten Boten von Industrie und Kommerz. Auf der gegenüberliegenden Straßenseite beginnt der Nationalpark.

Hellenthal (390 m) → Oleftalsperre (465,5 m) 7 km → B258 (620 m) 13 km → Wüstenbachtal (510 m) 15 km → Hirschrott (381 m) 20 km

Wanderzeit: 4 ½ Std.

Schwierigkeit: Leichte Tour mit nur wenigen, meist moderaten Steigungen.

Höhenmeter: 505 m

Höchster Punkt: Auf der Heide (619 m)

Startpunkt: ZOB Hellenthal

Einkehr: Wildgehege Hellenthal

GPS Hirschrott:
O 006°21´35´´
N 50°33´18´´

☒ **Gasthaus zum Adler,** Am Wildgehege, 53940 Hellenthal, ✆ 02482/2292, Fax 2212, www.wildgehege-hellenthal.de, Mo – So 9 – 18 Uhr.

In 52152 Simmerath-Hirschrott:

☒ ⌂ **Gasthaus Waldstube,** Hirschrott 4, ✆ 02485/911666, Fax 911667, www.waldstube.de, 4 DZ ab 48 €.

⌂ **Hotel Zum weißen Stein,** Hirschrott 11, ✆ 02485/469, tjoebges@t-online.de, 4 DZ ab 40 €.

⌂ **Gästehaus Klausbend,** Heilsteinstraße 6, 52152 Simmerath-Einruhr, ✆ 02485/464, Fax 1295, www.gaestehaus-klausbend.de, gaestehausklausbend@t-online.de, 3 DZ ab 36 €.

⛺ **Camp Hammer,** An der Streng, 52152 Simmerath-Hammer, ✆ 02473/929041, www.camp-hammer.de, ÜpP ab 7,50 €.

ℹ **Nationalpark-Infopunkt Einruhr,** Franz-Becker-Straße 2, 52152 Simmerath-Einruhr, ✆ 02485/317, Fax 319, www.rursee.de, Mo – Fr 10 – 12 und 13 – 17 Uhr, Sa, So 9 – 12 Uhr.

Surrende Riesen: Windpark Auf der Heide

Durch den südlichen Teil des Nationalparks führen überwiegend unmarkierte Wege, aber die Orientierung ist einfach. Durch den Wald am Schwarzscheid wandern Sie zum *Kreuz am Viehbach* und weiter talwärts zum **Wüstebach**. Auf Höhe des Hollersief überqueren Sie ihn auf einer Holzbrücke und folgen am Westufer dem **Eifelsteig** in Richtung Norden. Ein Hauch von Urwald weht bereits durch die umliegenden Wälder, und die Bäche fließen in fast natürlichen Flussbetten dem Obersee entgegen. Bleiben Sie im Nationalpark bitte auf den befestigten Wegen.
Auf Höhe des Steinbruchs und der Höhlen am Rubelsberg verlassen Sie den Eifelsteig und wandern ca. 500 m auf einem unmarkierten Weg am Südhang ins *Püngelbachtal* hinein. Über eine kleine Brücke gelangen Sie auf einen Asphaltweg. Merken Sie sich diese Straßenkehre. Hier nehmen Sie die Tour am 3. Tag wieder auf.

Hirschrott

Folgen Sie schließlich einfach nur der Straße bis nach Hirschrott, **Markierung 3.** Die kleine Häusergruppe ist der ideale Ort, um eine Nacht am Rande des Nationalparks zu verbringen. Hirschrott liegt abseits allen Trubels im märchenhaften Tal des Erkensruhrer Bachs. Es gibt zwei ☒ **Gasthäuser,** aber keinen Supermarkt. Alle, die mehr Trubel lieben, nächtigen besser in **Einruhr**. Camper wandern nicht nach Hirschrott, sondern durch den Eichenscheider Wald hinüber nach **Hammer** im Rurtal (4 km vom Püngelbachtal entfernt).

Am Rurstausee vorbei nach Heimbach

Im Kerngebiet des neuen Nationalparks: Die 3. Etappe steht ganz im Zeichen des Nationalparks, der Wasserlandschaften von Ober- und Rursee und der Buchenwälder im Kermeter. Mein Fazit: gut markierte Wege, mittelschwer bis sportlich und landschaftlich eindrucksvoll.

▶ Von **Hirschrott** steigen Sie zunächst hinauf zur vom Vortag bekannten Asphaltkehre im Pungelbachtal, **Markierung 3,** und wandern auf einem breiten Waldweg in Richtung Norden, **Markierung 28.** Der *Langerscheider Wald* darf, obschon er im Nationalpark liegt, zur Zeit noch bewirtschaftet werden. Er braucht daher noch viel Zeit für die Renaturierung.

Im **Rurberger Wald** gelangen Sie schließlich auf eine breite Waldkreuzung mit Schutzhütte. Biegen Sie nach Osten ab und wandern auf dem unmarkierten Forstweg vorbei an dem Sendemast in Richtung Ein-

3. Tag

Hirschrott (381 m) → Rurberger Wald (480 m) 4,5 km → Einruhr (281 m) 7 km → Staudamm Paulushof (282 m) 11,5 km → Paulushof (494 m) 14,5 km → Meuchelberg (320 m) 22,5 km → Heimbach (190 m) 24,5 km

Wanderzeit: 5 ½ Std.

Schwierigkeit: Mittelschwere Etappe mit 3 sehr steilen Anstiegen.

Höhenmeter: 628 m

Höchster Punkt: Paulushof (493,8 m)

Startpunkt: Hirschrott

Einkehr: In Einruhr, Rurberg

GPS Heimbach/Bhf:
O 006°28´23´´
N 50°38´13´´

Gasthaus Alt Einruhr, Rurstraße 10, 52152 Simmerath-Einruhr, ✆ 02485/1512, Fax 1542, Di Ruhetag.

Hotel Restaurant Paulushof, Seeufer 10, 52152 Simmerath-Rurberg, ✆ 02473/94950, Fax 4612, kein Ruhetag.

In 52396 Heimbach:

Haus am Eichelberg, Am Eichelberg 37, ✆ 02446/268, 8 DZ ab 35 €.

Pension Schink, Am Eichelberg 26, ✆ & Fax 02446/3694, 8 DZ ab 48 €.

Camping Kohl, Kleestraße 71, Ortsteil Hasenfeld, ✆ 02446/294, www.heimbacher-campingplatz.de, ÜpP ab 6,10 €.

Rureifel-Tourismus e.V., An der Laag 4 (Bhf Heimbach), 52396 Heimbach, ✆ 02446/805790, www.rureifel-tourismus.de, Mo – So 10 – 17 Uhr.

Schöne Aussicht: Der Aussichtspunkt macht seinem Namen alle Ehre

ruhr. Der Wanderweg verjüngt sich immer mehr und fällt schließlich als Pfad steil gen Tal. Eichen treten allmählich an die Stelle von Buchen und Tannen. Nach vielen Kilometern durch dunkle Wälder haben Sie erstmals wieder freien Blick auf die umliegenden Höhen. Tritt der Pfad direkt an der Brücke in **Einruhr** aus dem Wald heraus, liegt die Wasserlandschaft des Obersees direkt vor Ihnen. In Einruhr gibt es zahlreiche **Gaststätten.**

Stärken Sie sich, bevor Sie hinauf zur *Schönen Aussicht* 158 Höhenmeter überwinden. Der Einstieg zu dem steilen Pfad, **Markierung 6,** liegt links hinter dem Gasthof an der B266. Das letzte Drittel hinauf zum **Gipfelkreuz** kraxeln Sie auf einem felsigen Pfad durch die mit Krüppeleichen bewachsene Kuppe. Der Bergname verrät es ja schon: Von ganz oben haben Sie einen fantastischen Blick in Richtung Westen über das hintere Rurtal und nach Nordosten über Teile des Obersees. Steigen Sie anschließend den Nordhang hinab zum Parkplatz an der B266, die Sie ein letztes Mal überqueren. Ein breiter Wanderweg

*1887 wurde das **Gipfelkreuz** an der Stelle errichtet, an der Preußenkönig Friedrich Wilhelm schon die Aussicht bewunderte. Sie gehört zu den ausgewiesenen »Eifelblicken« des Nationalparks.*

mit moderatem Gefälle führt Sie hinab zum **Staudamm Paulushof**: **Markierung schwarzer Pfeil (11).** Am Staudamm befindet sich ein Imbiss, in Rurberg ein **Gasthaus.**

Der Anstieg den Südhang des ***Kermeters*** hinauf erfordert nun Ihre ganze Kondition. Der **Eifelsteig** führt als sehr steiler Pfad über Serpentinen zum *Honigberg.* Auf halber Strecke biegen Sie links in einen breiteren Waldweg, **Markierung A4,** und laufen auf ebener Strecke den Hang entlang, bis Sie auf einen Asphaltweg stoßen. Folgen Sie ihm bergauf über zwei Serpentinen bis zum **Rastplatz Paulushof** und weiter entlang der **Markierung 14** zur *Hirschley* – von dem Felsvorsprung haben Sie einen der besten Rundblicke über den Rursee.

Die Markierungen wechseln auch auf den folgenden 4,5 km häufig. Der **Eifelsteig** führt Sie nach Osten und mündet in einen Asphaltweg, **Markierung 13.** Folgen Sie ihm bergab bis zur 4. Kehre und dann einem breiten, aber unmarkierten Waldweg weiter gen Osten den Hang entlang. Der wunderschöne Grasweg führt hinüber zum Hohenbachtal. Auf meiner Wanderung durch den Buchenwald traute ich meinen Augen kaum, als ich am Hang unter mir eine Herde Mufflons mit großen gedrehten Hörnern erblickte: Sie wurden hier in den 50er Jahren angesiedelt. Das *Hohenbachtal* laufen Sie hinab zum Rursee. Auf hal-

*Der **Kermeter,** hochgepriesenes Wandergebiet und Herzstück des Nationalparks, ist für meinen Geschmack derzeit ein Nationalpark zum Abgewöhnen. Durch das Buchenwaldgebiet führen die viel befahrene L15 und B265. Von Gemünd nach Mariawald jagen die Motorradfahrer an Wochenenden den Berg hinauf. Am Parkplatz Budenbach gibt es sogar einen Biker-Treff. Und das alles auf dem Gebiet des Nationalparks. Um dem Geheule der Motoren aus dem Weg zu gehen, sollten Sie möglichst am Südhang des Rursees wandern.*

Niedrigwasser: Blick auf den Obersee

ber Strecke treffen Sie auf die **Markierung 2.** Am Ufer sollten Sie einen Abstecher zur römischen Befestigung *Tonsberg* machen. Auf dem Uferweg wandern Sie in östlicher Richtung zum *Parkplatz Budenbach* im Kermeter Hochwald.

Den Parkplatz und den Biker-Treff lassen Sie schnell hinter sich und wandern der **Markierung 5** folgend zum ***Kraftwerk Heimbach***. Bis nach Heimbach sind es nun nur noch 3 km. Über die Brücke, vorbei am **Campingplatz** – Camper steigen hier aus der Etappe aus – laufen Sie ein Stück nach *Hasenfeld* hinein und folgen der Asphaltstraße, **Markierung 11,** zum **Meuchelberg** hinauf. In der 2. Kehre biegt die **Markierung 2** rechts ab. Alternativ führt vom Campingplatz ein schmaler Pfad unterhalb der Stromleitung den Kamm hinauf direkt zu diesem Punkt. Der Einstieg ist allerdings schwer zu finden.

*Das **Wasserkraftwerk Heimbach** ist ein echter Hingucker. Ungewöhnlich für einen Industriekomplex ist das Jugendstil-Gebäude. Es liefert (wieder) rund 8000 Haushalten Strom und kann besichtigt werden: ✆ 02446/9594329.*

Heimbach

Ein Pfad führt durch die Felsen am Südhang des Meuchelbergs zum Haus des Gastes und weiter auf

Kunst am Bau: Das Kraftwerk Heimbach ist ein Jugendstiljuwel

einer Holzbrücke über die Rur direkt nach Heimbach hinein. Der Touristenort liegt idyllisch im tief eingeschnittenen Tal und wird von einer Burg dominiert. Wanderer finden eine perfekte Infrastruktur vor.

4. Tag

Heimbach (190 m) → Wolfgarten (520 m) 9,5 km → Gemünd (350 m) 11,5 km → Kall (360 m) 19 km → Kloster Steinfeld (525 m) 25 km → Urft (420 m) 28 km

Wanderzeit: 7 Std.

Schwierigkeit: Mittelschwere Tour mit 5 steilen Ansteigen. Die Wege sind nicht schwierig.

Höhenmeter: 1005 m

Höchster Punkt: Kloster Steinfeld (525 m)

Startpunkt: Burg Heimbach

Einkehr: In Kloster Mariawald, Wolfsgarten, Gemünd, Kloster Steinfeld.

GPS Urft/Bhf:
O 006°34´48´´
N 50°30´44´´

Durch den Kermeter nach Urft

Auf der 4. und längsten Etappe geht es noch einmal durch das Herzstück des Nationalparks, durch den Kermeter. Ab Wolfgarten wird das Profil der Wanderung anspruchsvoller. Sie wandern durch die tiefen Täler von Urft, Kall- und Kuttenbach und steigen dazwischen immer wieder hinauf bis auf über 500 m. Auf dem höchsten Punkt der Etappe liegt das bekannte Kloster Steinfeld.

Auch zu Beginn der Etappe bleiben Ihnen nur wenige hundert Meter zum Warmlaufen. Der 1. steile Anstieg des Tages führt über die Schöne Aussicht zur Abtei Mariawald:

▶ Wandern Sie in **Heimbach** ab der *Burg Hengebach* die L249 bergauf. Wenige Meter nach dem Ortsausgangsschild biegt ein steiler Pfad mit der **Markierung 6** links ab und führt den Hang hinauf. Sie gelangen über Serpentinen und durch Felsen zur *Schönen*

☒ **Hotel Restaurant Kermeterschänke,** Kermeterstraße 4, 53937 Schleiden-Wolfgarten, ✆ 02444/2116, Fax 2960, Di Ruhetag.

☒ **Hotel Friedrichs,** Alte Bahnhofsstraße 16, 53937 Schleiden-Gemünd, ✆ 02444/950950, Fax 950940, Di Ruhetag.

☒ **Klostergaststätte Mariawald,** ✆ 02446/950616, Okt – März täglich 10 – 17 Uhr, während der Sommerzeit 10 – 18, Sa, So ab 9 Uhr. Berühmte Erbsensuppe, berühmtes Trappistenbier und berühmter Trappistenlikör.

☒ **Klosterschänke,** Hermann-Josef-Straße 31, 53925 Kall-Steinfeld, ✆ 02441/77388, Mi Ruhetag.

In 53925 Urft:

🏠 **Hotel-Restaurant Urfter Hof,** Urfttalstraße 30, ✆ 02441/4259, Fax 4437, www.urfter-hof-weckmann.de, 4 EZ, 7 DZ ab 62 €.

Aussicht. Zur Abtei hin verflacht der Weg. Sie wandern vorbei an immergrünen Ginsterbüschen und über die Hochfläche am *Attenberg*. Die **Abtei Mariawald** mit kleiner Ausstellung und Klostergaststätte lohnt einen kurzen Besuch.

Auf den nächsten 9 km schlägt die Streckenführung einen Bogen nach Norden und dann wieder nach Süden bis zum Forsthaus Mariawald. Sie führt damit weg von der stark befahrenen L249. Folgen Sie dazu von der Abtei links der Landstraße zunächst der **Markierung 6** und später der **7** talwärts unterhalb Weiershell entlang bis zum Heimbach. In Richtung Forsthaus gelangen Sie nun über den breiten und vielfach mit Gras bewachsenen Waldweg, **Markierung A4.** Er führt am Osthang des Heimbachs entlang durch Felsen, Birken- und Eichenwälder talaufwärts. 2 km weiter, Sie befinden sich bereits im Hergartener Wald, folgen Sie den **Markierung A1** und **A5** bis zum *Forsthaus*.

Hinab nach Gemünd wandern Sie durch **Wolfgarten** hindurch und folgen der **Markierung 7.** Der westliche von 3 Wegen führt als schmaler Pfad vorbei an Bernerknipp und Kaisereiche steil bergab bis zum **Haus des Gastes** und weiter in den Ortskern von Gemünd. In Wolfgarten und **Gemünd** gibt es einige ☒ **Gaststätten.** An Wochenenden verursachen Tagesausflügler und Motorradfahrer jedoch viel Verkehr und Lärm. Rasten Sie lieber an einem schönen Bachlauf oder auf einer Waldlichtung.

In Gemünd führt Ihr Weg vorbei am ***Haus des Gastes****, in dem sich das Nationalparktor Gemünd befindet: Kurhausstraße 6, 53937 Schleiden-Gemünd. © 02444/ 2011, Fax 1641, www.nationalpark-eifel.de, Mo – So 10 – 17 Uhr.*

Von Gemünd nach Kall folgen Sie der **Markierung schwarzes Dreieck (4)** bergauf bis zum Kirchberg. Die Wege im Olefer Kirchenwald sind meist breite Wanderautobahnen durch weitläufige Tannenwälder. Auf diesem Anstieg ist der ursprüngliche, kleine Grasweg rechts vom Asphaltweg eine schöne Alternative. Ein kleines Stückchen müssen Sie sich sogar durch Ginsterbüsche hindurch kämpfen. Ihr nächster Orientierungspunkt ist die Schutzhütte am *Wackerberg*. 500 m dahinter folgen Sie dem **Pingenwander-**

Auf Ihrer Wanderung von Heimbach nach Urft liegen zwei bekannte ***Eifel-Klöster****: Das Trappistenkloster Mariawald, in dem noch 14 Mönche das Leben in völliger Zurückgezogenheit pflegen, und Kloster Steinfeld. Die Benediktinerinnen-Abtei ist für ihre 1000-jährige Basilika bekannt.*

Eignet sich zur Rast: Abtei Mariawald

pfad gen Osten. Bergab nach Kall gewinnt der Weg an Attraktivität, wird zu einen schönem Waldweg und führt durch lichte Kiefernwälder.

Weiter auf dem Pingenwanderpfad wandern Sie durch **Kall** in südliche Richtung, dann entlang der **Markierung A4** steil bergauf zum *Loshardt* und weiter bis zur Schutzhütte. Ins Tal nach Rinnen gelangen Sie über die **Markierung A6** und ab dem *Pferdekopf* über einen unmarkierten Heckenweg. In *Rinnen* folgen Sie wieder der **Markierung schwarzes Dreieck (4)** bis zum **Kloster Steinfeld.** Der hässliche Asphaltweg steigt zunächst durch einen Steinbruch bergauf,

fällt auf der Rückseite des *Taubenbergs* über in einen schmalen Graspfad sofort wieder steil bergab und steigt jenseits des *Kuttenbachs* noch einmal ebenso steil bergan zum Kloster.
Bevor Sie die letzten 3 km bis zum Zielort Urft in Angriff nehmen, sollten Sie unbedingt die schaurig dunkle Klosterbasilika aufsuchen. In Fußnähe zur Klosteranlage finden Sie mehrere ⊠ **Gaststätten.** Geistig und leiblich gestärkt, folgen Sie der **Markierung A5** ins *Gillesbachtal*. 100 m hinter der L204 steigen Sie ein letztes Mal einen unmarkierten Pfad bergauf zum *Hermann-Josef-Haus*. Zum *Bhf Urft-Steinfeld* gelangen Sie vorbei am Jugendwaldheim auf dem **Waldlehrpfad.**

Urft

... ist ein kleiner Ort in einem dunklen engen Tal. Es gibt ein ⊠ **Gasthaus** oder Sie nutzen die stündliche Bahnverbindung zur Heimreise.

WALDEIFEL & AHRGEBIRGE

Auf dieser abwechslungsreichen 3-Tages-Tour durchwandern Sie die weitläufigen Höhenzüge der Kalkeifel, die baumreichen Gipfel der nördlichen Waldeifel und die schroffen Felsen im Ahrtal. Der Anblick der riesigen weißen Schüssel des Radioteleskops Effelsberg inmitten ausgedehnter Buchen- und Tannenwälder ist zweifelsohne der Höhepunkt.

DIE RADIOTELESKOP-ROUTE 3

STERNENGUCKER

▶ Dass die kleine Holzbank und der Wanderweg 11 überhaupt noch Platz finden zwischen der gigantischen weißen Stahlschüssel und den steilen Hängen des Tals, ist schon erstaunlich. Aber die Konstrukteure des Radioteleskops Effelsberg haben wohl an die Wanderer gedacht und einen etwa 3 m breiten Durchschlupf gelassen. Nirgendwo in der gesamten Gegend rund um Effelsberg kommen Besucher so nah an den Stahlkoloss heran wie über den Wanderweg 11.

Den Kopf in den Nacken gelegt, sitze ich auf der Holzbank am Fuße des weißen Monstrums, verfolge viele Minuten seine Bewegungen. Ist die gigantische Schüssel horizontal gestellt, ragt sie weit aus dem kleinen Tal heraus und hebt sich majestätisch von den umliegenden Bergen ab. Scheint dann auch noch die Sonne, glänzt einfach alles ringsherum, der blaue Himmel, die roten Buchenwälder und die weiße Schüssel. Ist sie jedoch waagerecht gestellt, verschwindet sie, aus der Ferne betrachtet, im Tal und hier unten auf seinem Boden wird es Nacht. Wie ein gigantischer Sonnenschirm überzieht sie den Talgrund mit ihrem Schatten. Zu eng ist es, als dass dann noch ein Sonnenstrahl zwischen Schüsselrand und Hang hindurch passen würde. In dem natürlichen Talkessel des Effelsberger Bachs fangen sich elektromagnetische Strahlungen aus dem All. Und mit Hilfe der weißen Schüssel machen die Wissenschaftler der Universität Bonn noch so geringe Strahlungen sichtbar. Von Effelsberg aus schauen

Auf Horchposten: Wie vom anderen Stern ragt das Radioteleskop aus dem Wald um Effelsberg sie ins All und in seine Geschichte. Deshalb ist die Schüssel ständig in Bewegung. Die Sternengucker drehen sie um die eigene Achse und schwenken sie horizontal und vertikal. Und ich schaue mit ihr hinauf in den tiefblauen Herbsthimmel. Ich beginne zu träumen von fernen Galaxien, unerforschten Planeten und fremden Lebensformen. Dabei vergesse ich, dass bis Kreuzberg noch 13 Kilometer und 2 steile Anstiege durch die Felsen des Ahrgebirges vor mir liegen. Aber manchmal muss man einfach den Weg vor sich vergessen und träumen: Besonders wenn man vor dem größten, voll beweglichen und zugleich leistungsstärksten Radioteleskop der Welt sitzt. ◀

Nettersheim, Kall (EV-K 5); *Bad Münstereifel* (EV-K 7); *Das Ahrtal* (EV-K 9), *Rheinbach, Alfter* (EV-K 6).

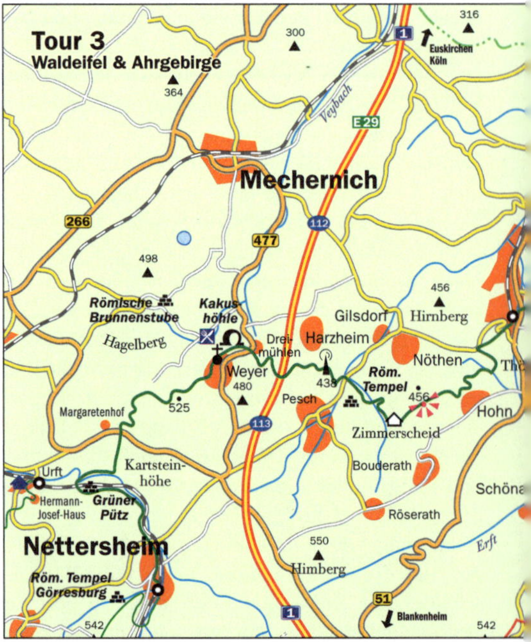

Die Wanderung in Kürze — 3 Tage, 71 km, 1331 HM

Schwierigkeitsgrad: Eine eher leichte Tour mit moderaten Tagesdistanzen. Steile Anstiege gibt es nur im Ahrgebirge.

1. Tag: Nettersheim → Bad Münstereifel 25,5 km

2. Tag: Bad Münstereifel → Kreuzberg 25,5 km

3. Tag: Kreuzberg → Rheinbach 20 km

Höchster Punkt: Knippberg (537 m)

Anfahrt: Mit der Eifelbahn von Köln bzw. Trier über Gerolstein nach Nettersheim.

Rückfahrt: Mit RE nach Bonn (weiter mit IC nach Köln oder Koblenz) oder nach Euskirchen (weiter mit der Eifelbahn nach Trier).

Weitere Bahnhöfe entlang der Strecke: 1. Tag: Bad Münstereifel. 2. Tag: Kreuzberg.

Unterkunft: In Bad Münstereifel, Kreuzberg.

Beste Jahreszeit: ganzjährig, ideale Frühjahrstour.

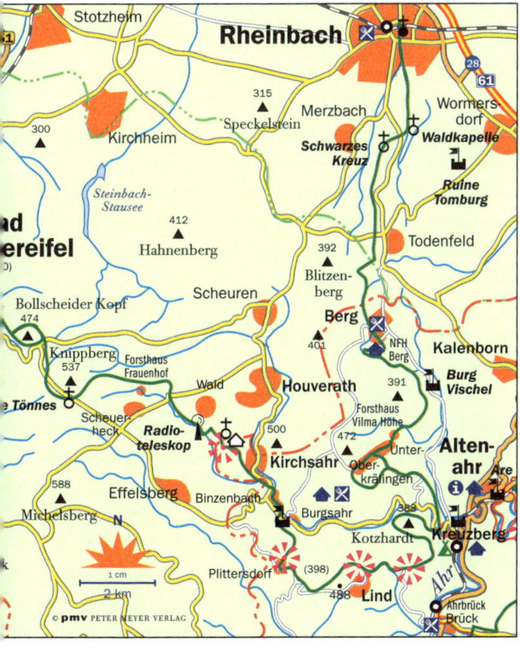

Tipp: Kombinierte 8-Tages-Tour: Verbinden Sie Tour 3 mit Tour 4 und 2 (↗ Rucksack packen & Schuhe schnüren).

1. Tag

Nettersheim (450 m) → Weyer (440 m) 11 km → Kakushöhle (360 m) 12 km → Tempelanlage Addig (390 m) 16,5 km → Thönnesbusch (420 m) 21 km → Bad Münstereifel (280 m) 25,5 km

Wanderzeit: 6 Std.

Schwierigkeit: Leichte bis mittelschwere Etappe.

Höhenmeter: 407 m

Höchster Punkt: 480 m

Startpunkt: Bhf Nettersheim

Einkehr: An der Kakushöhle

GPS Bad Münstereifel:
O 006°45´46´´
N 50°33´16´´

*Laut einer Untersuchung des Rheinischen Landesmuseums in Bonn verfügt die Gemeinde Nettersheim über die höchste Dichte an römischen Bodendenkmälern in NRW. Zwei von ihnen, der Brunnen **Grüner Pütz** und die Tempelanlage am Addig, liegen auf Ihrem heutigen Weg.*

Tourencharakter

▶ Eine ideale Tour für eine der ersten Wanderungen im Jahr. Moderate Tagesdistanzen und nur relativ wenige Höhenmeter bei nicht allzu schwierigen Anstiegen und zahlreiche Gasthäuser sind genau das Richtige für die noch wintermüden Knochen. Nach 2 Tagen durch abwechslungsreiche Naturlandschaften mit zahlreichen römischen Kulturdenkmälern am Wegesrand warten am 3. Tag die ersten anspruchsvollen Passagen auf Sie. Felsige Pfade führen bei Kreuzberg durch die steilen Nordhänge des Ahrgebirges. Und auch auf dem Naturfreundeweg bis Rheinbach laufen Sie viele Kilometer über Stock und Stein.

Alternative: Wer sich noch nicht in Form fühlt, sollte die Tour von 3 auf 2 Tage verkürzen. Starten Sie statt in Nettersheim in Bad Münstereifel: Anreise mit der Bahn über Euskirchen.

Von Nettersheim nach Bad Münstereifel

In West-Ost-Richtung laufen Sie heute vielfach über unmarkierte Wege. Trotz einiger Orientierungsarbeit erwartet Sie ein angenehmer Wandertag durch abwechslungsreiche Natur, vorbei an der urzeitlichen Kakushöhle und zahlreichen römischen Kulturdenkmälern.

In Nettersheim gibt es keine Übernachtungsmöglichkeiten, dafür ist die Anfahrt mit der Eifelbahn einfach und bequem.

▶ Wandern Sie vom **Bhf Nettersheim** links der Urft und der Bahntrasse in Richtung Norden, **Markierung U.** Rund 1 km hinter dem **Grünen Pütz** – hier liegt der Anfang der römischen Wasserleitung nach Köln – überqueren Sie den Fluss und folgen der **Markierung 1** wieder zurück Richtung Nettersheim bis Sie auf Höhe des Grünen Pütz auf einen links abbiegenden Waldweg stoßen. Durch einen lichten Kiefernwald, in dem es herrlich nach harzigem Mittel-

meer riecht, steigen Sie den unmarkierten, aber idyllischen Weg bergauf bis Sie auf die **Markierung A10** stoßen. Östlich des *Margaretenhofs* überqueren Sie die L206. Durch den Weyerer Wald hindurch laufen Sie auf unmarkierten, breiten Waldwegen bergauf

Grashüpferparadies: Frühlingswiese bei Nettersheim

☒ **Imbiss Kakushöhle,** an der B477, 53894 Mechernich.

In 53902 Bad Münstereifel:

Berghotel, Ashfordstraße 31 – 35, ✆ & Fax 02253/8207, 8 DZ ab 62 €.

Hotel Sonnenhof, Schleidtalstraße 23, ✆ 02253/4478, Fax 930991, www.sonnenhof-badmuenstereifel.de, 3 EZ, 3 DZ ab 62 €.

JH Bad Münstereifel, Herbergsweg 1 – 5, ✆ 02253/7438, Fax 7483, jh-bad-muenstereifel@djh-rheinland.de, ÜF ab 19,50 €. Für Gruppen ab 6 Personen sind individuelle Absprachen erforderlich. Oberhalb von Bad Münstereifel im Ortsteil Rodert am Waldrand gelegen.

Touristinformation Bad Münstereifel, Wertherstraße 15, ✆ 02253/7631, www.bad-muenstereifel.de, Di – Fr 14 – 17 Uhr, Sa, So 11 – 16 Uhr.

Im Internet: www.nordeifel.de, u.a. mit Informationen zu den Römerbauten der Region.

auf die Ortschaft Weyer zu. An der ersten großen Kreuzung biegen Sie nach Osten ab und stoßen nach 1,5 km auf die **Markierung 8.** Folgen Sie dem Waldweg bergauf vorbei an der Schutzhütte bis nach **Weyer**. Tipp: Ein von Hagebuttensträuchern gesäumter Weg verläuft linker Hand auf dem Talgrund ebenfalls auf die markante Kirche des Ortes zu.

*Die **Kakushöhle** ist ein weitläufiger, urzeitlicher Höhlenkomplex aus Karststein, in der nach Knochenfunden zu schließen schon vor 6000 Jahren Menschen gelebt haben.*

Von Weyer zur **Kakushöhle** gelangen Sie auf dem ***Ahr-Venn-Weg*, Markierung schwarzer Pfeil (1).** Nehmen Sie sich etwas Zeit, die Höhle und die Felsen zu erkunden. Ein ☒ **Imbiss** bietet Gelegenheit zur Stärkung.

Durch das Tal unterhalb der Höhle und den Ort *Dreimühlen* hindurch wandern Sie nun langsam, aber sicher der Autobahn entgegen. Folgen Sie der **Markierung A2** nördlich um den alten Steinbruch herum. So gelangen Sie auf eine kahle Hochfläche mit sanft geformten Hügeln. Auf dem **Ahr-Venn-Weg** laufen Sie unter der Autobahn hindurch und biegen direkt dahinter, an einem kleinen Waldstück mit uralten Buchen, links ab und sofort wieder rechts. Über unmarkierte, herrliche Wiesenwege laufen Sie auf das *Waldstück Boch* zu, überqueren die K34 und steigen über eine schöne Obstwiese steil bergauf zum Sendemast am *Jakob-Kneip-Berg*. Ein schöner Ort zum Rasten. Der weitere Weg bis zur römischen **Tempelanlage am Addig** führt ostwärts entlang der **Markierung 1.** Obwohl kaum bekannt, ist diese ***Kultstätte*** eindrucksvoller und besser erhalten als ihre Schwester, die Görresburg südlich von Nettersheim.

*Die römische **Kultstätte** bestand rund 450 Jahre und war den drei Schutzgöttinnen für Haus, Hof und Ernte geweiht, die auf einem Relief noch heute zu sehen sind.*

Die alte Römerzeit hinter sich lassend, wandern Sie zurück ins Hornbachtal und weiter auf dem **Ahr-Venn-Weg** das Tal bergauf bis nach Bad Münstereifel. Der Weg ist auch als ***Jugendherbergsverbindungsweg*** gekennzeichnet, **Markierung JH.**

Alternative: Die schönere Variante verläuft am Osthang des Hornbachs zur Schutzhütte am *Zimmerscheid*, **Markierung A1,** weiter auf unmarkiertem Waldweg um den Gipfel herum und auf dem **Jugend-**

herbergsverbindungsweg auf die Freifläche unterhalb des Steinbüchels hinaus. Überqueren Sie nun auf unmarkierten Feldwegen die Freifläche nach Nordosten, die sich zwischen dem Jugendherbergsweg und der K36 erstreckt. Hohn liegt südlich von Ihnen im Tal, der Thönnesbusch direkt vor Ihnen. Auf einer Holzbrücke überqueren Sie den *Ralesbach,* folgen der **Markierung 8** wenige Meter bergab und biegen an einer gelben Bank auf den schmalen Pfad links zum **Thönnesbusch** hinauf ab. Über diesen letzten kurzen, steilen Anstieg des Tages gelangen Sie auf die Höhe des sehr schönen Waldgebiets mit üppigen Brom- und Heidelbeerbewuchs. Von seinem Nordosthang haben Sie einen guten Blick auf Bad Münstereifel.

Göttinnen der Ewigkeit: Blumen und Efeu werden noch heute am Matronenheiligtum am Addig abgelegt

Bad Münstereifel

In Heinos Wahlheimat – er betreibt ☒ **Heino's Café** im Rathaus in der Marktstraße 15 – gelangen Sie entlang der **Markierung 7** vorbei an einer Schutzhütte und über die **Markierung JH.** Bad Münstereifel ist ein wichtiger Touristenmagnet im Eifelraum. An Wochenenden wird der idyllische Ort von Gästen aus Holland, Köln und dem Ruhrgebiet belagert. Auch Wanderern wird es daher an nichts mangeln.

2. Tag

Bad Münstereifel (280 m) → Knippberg (537 m) 7 km → Radioteleskop Effelsberg (311 m) 12 km → Binzenbach (264 m) 15 km → Lind (440 m) 19 km → Kreuzberg (170 m) 25,5 km

Wanderzeit: 6 Std.

Schwierigkeit: Mittelschwere Etappe mit 2 kräftigen Anstiegen auf den letzten 12 km.

Höhenmeter: 452 m

Höchster Punkt: Knippberg (537 m)

Startpunkt: Bhf Bad Münstereifel

Einkehr: In Binzenbach

GPS Kreuzberg/Brücke:
O 006°58´37´´
N 50°30´33´´

Vorbei am Radioteleskop nach Kreuzberg

Höhepunkt des Tages ist der Vorbeimarsch am Radioteleskop Effelsberg. Aber bis dorthin müssen Sie zunächst durch den Kirchheimer Wald hinauf zum Knippberg 257 Höhemeter überwinden. Hinter Effelsberg in Richtung Ahrtal verändert sich anschließend die Landschaft dramatisch. Von den Höhen um Plittersdorf und Lind sehen Sie, warum der 2. Tagesabschnitt Ihre Kondition fordert: Dicht gefaltet liegen die Täler des Ahrgebirges unter Ihnen. Durch die Hänge ziehen sich grandiose Wanderpfade.

Auch heute wechseln die Markierungen wieder häufig. Dennoch werden Sie Ihren Weg ohne große Schwierigkeiten finden.

▶ Laufen Sie ab **Bhf Bad Münstereifel** auf einem der vielen Wege durch den Kurpark ostwärts bis zum *Parkplatz Am Giersberg* und folgen dann dem Schleidbachtal weiter talaufwärts. Der als **A2** bzw. **2 markierte Weg** verläuft am Nordhang parallel zur L234. Schlagen Sie auf Höhe des Parkplatzes Schleyertal einen der nördlich vom Wanderweg A3 verlaufenden unmarkierten Waldwege ein. So können Sie die herrlichen Tannen- und Buchenwälder ohne Autolärm genießen. Immer parallel zur L234 wandern Sie dann über den *Bollscheider Kopf* (474 m), überqueren die L498, laufen teils parallel zur L234 zur Quelle des Geißenbachs und gelangen schließlich unterhalb des **Knippbergs** zur Kapelle *Decke Tönnes*.

Nun nähern Sie sich langsam, aber sicher dem Höhepunkt der Tour, dem Radioteleskop. Folgen Sie zunächst dem ***Ahr-Venn-Weg,*** **Markierung schwarzer Pfeil (11),** in östlicher Richtung. An den Ferienhäusern *Konrad-Adenauer-Höhe,* nordwestlich vom Wald, folgen Sie der Asphaltstraße ins Tal des Effelsberger Bachs. Sie überqueren die L113 und folgen dem unmarkierten Waldweg talwärts bis zum **Radioteleskop Effelsberg**. Unterwegs beginnt die **Markierung 11.** Wenn Sie ganz leise einen Fuß vor den anderen setzen, hören Sie die Drehgeräusche des Teleskops bereits aus 1,5 km Entfernung. Und schon hinter der nächsten Linkskurve stehen Sie plötzlich vor diesem Monument der Moderne. Seine gigantische weiße Schüssel erfüllt das schöne Wiesental.

Das weiße Monstrum im Rücken verlassen Sie das Tal und steigen nach links steil zur *Kapelle an der Martinshütte* auf, **Markierung 6.** Hier erwartet Sie die erste tolle Fernsicht. Folgen Sie nun der **Markierung 7** in Richtung Sahrbachtal. Leider fehlt an der Schutzhütte zunächst die Beschilderung. Der schmale Pfad führt hier über einen kleinen Hügel mit Ginsterbewuchs nach Osten und dann, wieder markiert, über einen steilen Felshang bis ins Tal. Dieses wandern Sie nun abwärts, in **Binzenbach** vorbei an einem ☒ **Gasthaus,** bis zur *Burgsahr,* **Markierung 4.** Die Burg gehörte in den 70er Jahren *Helmut Schmidt.* Dieser Herr Schmidt war auch Sozialdemokrat, jedoch nicht Bundeskanzler. Immerhin hat er es bis zum Chefredakteur des Parteiorgans »Vorwärts« gebracht.

Tipp: Am **Radio-Observatorium** gibt es einen Planetenlehrpfad und einen Besucherpavillon, in dem das Max-Planck-Institut für Radioastronomie Führungen anbietet. www.mpifr-bonn.mpg.de.

☒ **Hotel Restaurant Eifelstube,** Sahrstraße 34, 53505 Kirchsahr, Ortsteil Binzenbach, ✆ 02643/7980, Fax 3377, www.eifelstube-binzenbach.de, 13 DZ ab 33 €, Di Ruhetag.

In 53505 Kreuzberg:

☒ **Restaurant Weihs,** Bahnhofstraße 36, ✆ 02643/8403, Fax 3350.

Gästehaus Im Wurstkessel, Bahnhofstraße 2, ✆ 02643/8327, Fax 3292, 6 EZ, 6 DZ 62 €. Mit Restaurant.

Naturschutz-Jugendherberge, Langfigtal 8, 53505 Altenahr, ✆ 02643/1880, Fax 8136, 98 Betten in Schlafsälen, ÜF 11,80 €. Bis 1.7.2007 wegen Umbau geschlossen.

Campingplatz Viktoria Station, Bahnhofstraße, ✆ 02643/8338, Fax 3391, www.viktoria-station.de, ÜpP 11,50 €, ganzjährig geöffnet.

Tourismus-Information Altenahr, Haus des Gastes, ✆ 02643/8448, Fax 3516, www.altenahr-ahr.de, April – Okt Mo – Sa 9 – 16.30 Uhr, Juni & Juli Mo, Do 9 – 16, Fr 9 – 15.30, Sa 10 – 13 Uhr.

In Burgsahr überqueren Sie die L76 und folgen rechts der Bushaltestelle der **Markierung 3** bergauf nach *Plittersdorf*. Der lange und steile Anstieg auf einem schmalen Pfad hat es in sich. Auf der Höhe angekommen, haben Sie die versprochene Fernsicht. Auf den Wanderwegen mit den **Markierung 8** und später **6** wandern Sie weiter bis zum Parkplatz nördlich von **Lind**. Den Ort umgehen Sie über den breiten Feldweg, der links am Parkplatz abbiegt. An der K29 treffen Sie auf den ***Karl-Kaufmann-Weg,*** **Markierung schwarzes Dreieck (2a).** Er führt über ein freies Feld nach Nordosten bergauf und in den Wald hinein. Vorbei ist es nun mit der Fernsicht. An der nächsten Kreuzung folgen Sie der **Markierung 11.** Zum Etappenende hin zieht sich der breite Waldweg in die Länge. Er windet sich mühselig in einer Schleife um den 388 m hohen *Kotzhardt* herum durch die Felshänge des Ahrgebirges. Des Öfteren gibt er den Blick frei auf das Schloss Kreuzberg unten im Tal, das sich im Privatbesitz befindet. Das Ziel ständig vor Augen schlägt der Weg immer wieder neue Haken, bevor Sie schließlich doch noch ins schöne *Ahrtal* gelangen.

Nah am Abgrund: Durch die Felsenlandschaft des Ahrgebirges

Kreuzberg

Der westliche Ortsteil von Altenahr ist einer der ruhigeren Touristenorte im Ahrtal. Unterkünfte gibt es zu Genüge. Kreuzberg liegt sehr idyllisch zwischen den eng stehenden Hängen des Ahr- und Sahrtals. Aus der Mitte des Ortes erhebt sich auf einem Felskegel das Schloss. Zum Abendessen in Kreuzberg ist ein guter Ahrwein Pflicht.

Durchs Ahrgebirge nach Rheinbach

Die Naturfreunde aus Berg haben in der Gegend einen sehr schönen, 20 km langen Wanderweg angelegt. Ihm folgen Sie heute auf der gesamten Strecke. Zwei Passagen über Landstraßen ausgenommen, wandern

Sie auf schmalen Pfaden oder schönen Waldwegen hinab in die Ebene der Voreifel. Bei gutem Wetter sehen Sie oberhalb von Rheinbach in der Ferne das Siebengebirge und den Kölner Dom. Aber zunächst müssen Sie auf den ersten 5 km durch die steilen Hänge des Ahrgebirges kraxeln.

▶ An Ihr Orientierungsvermögen stellt die heutige Etappe nur minimale Anforderungen: Kurz beschrieben, verläuft Ihr Weg von der Brücke über die Ahr in Kreuzberg 100 m auf dem ***Karl-Kaufmann-Weg***, **Markierung schwarzes Dreieck (2),** und dann auf dem ***Wanderweg der Naturfreunde*** bis Rheinbach, **Markierung N.**

Am Ende der Straße mit dem kuriosen Namen *In Dangeln* führt der Naturfreundeweg zwischen den letzten Häusern von **Kreuzberg** bergauf zum *Schildkopf* (322 m). Die nun folgenden 2,5 km sind die alpinsten, die ich in der Eifel gefunden habe. Wanderer, denen es an Schwindelfreiheit und Trittsicherheit fehlt, sollten lieber im Tal bleiben. Der Pfad steigt zunächst steil den Hang bergauf, nach 1,2 km kommen Felsen hinzu. Von einem ersten Vorgipfel haben Sie südwärts gerichtet einen tollen Blick über das obere Ahrtal, westwärts gerichtet über das Sahrtal. Die nächsten 2 km sind richtig abenteuerlich. Der Pfad verläuft auf einem schmalen Grad entlang. Links und rechts fällt der Hang steil ab. Auf *Unterkrälingen* zu verflacht der Pfad wieder und führt sogar 1 km über die K31.

Alternative: Möchten Sie den Asphalt umgehen? Westlich der Landstraße führen sehr viel schönere Waldwege bis zum *Sportplatz Oberkrälingen:* Folgen Sie dazu der K31 noch rund 100 m. Am oberen Ende der kleinen Pferdekoppel links der Straße biegen Sie nach links in den kleinen Pfad, der am Waldrand entlang führt und dann in ein kleines Tal hinabfällt, bis Sie an einen Bach in einen quer laufenden Grasweg gelangen. Folgen Sie diesem auf das andere Bachufer und weiter bis zur nächsten großen Kreuzung am Höhenpunkt 306 m. Der 2. Waldweg im Uhrzeiger-

3. Tag

Kreuzberg (170 m) → Unterkrälingen (400 m) 5,6 km → Burg Vischel (304 m) 8 km → Berg (359 m) 10 km → Todenfeld (406 m) 14 km → Waldkapelle (234 m) 16 km → Rheinbach (170 m) 20 km

Wanderzeit: 4 ½ Std.

Schwierigkeit: Leichte bis mittelschwere Etappe mit 2 steilen Anstiegen auf den ersten 5 km, die teilweise Trittsicherheit und Schwindelfreiheit erfordern. Alternative: Route durchs Tal die Straße K31 entlang.

Höhenmeter: 452,5 m

Höchster Punkt: 496 m

Startpunkt: Brücke Kreuzberg

Einkehr: In Berg

GPS Rheinbach/Bhf:
O 006°56´46´´
N 50°37´46´´

*Die **Naturfreunde** sind aus der Arbeiterbewegung des 19. Jahrhunderts hervorgegangen. Sie haben überall in Europa Erholungsheime errichtet, um Arbeitern und ihren Familien Ferien zu erschwinglichen Preisen zu ermöglichen. Heute stehen die Häuser allen Besuchern offen. Sie sind eine Alternative zu Jugendherbergen: www.naturfreunde.de.*

Café Restaurant Zum Vischeltal, Rheinbacher Straße 39, 53505 Berg, ✆ 02643/1859, Fax 900922, Do Ruhetag. Gutbürgerliche Küche, Gästezimmer und Ferienwohnungen, DZ ab 30 €.

Tipp: Falls Sie nach der Wanderung Ihre Muskeln in der Sauna lockern wollen, können Sie das in dem Wassertempel **monte mare Rheinbach** ausgiebig tun, Münstereifeler Straße 69, ✆ 02226/9030-0, www.monte-mare.de.

sinn führt bergauf zum Sportplatz. Über die **Markierung 2** gelangen Sie schließlich durch Ober- nach **Unterkrälingen,** wo Sie wieder auf den Naturfreundeweg stoßen. Ihn verlassen Sie bis Rheinbach nicht mehr.

Weiterer Verlauf bis Rheinbach

Der **Naturfreundeweg** führt über angenehm zu laufende Feld- und Waldwege bis zur **Burg Vischel**, die sehr idyllisch im Vischelbachtal liegt. Ein kleiner Abstecher lohnt sich. Auf den nächsten 2 km verläuft der Pfad noch einmal über Stock und Stein.
Hier ist Halbzeit – 10 km – und Zeit für eine Rast. Ein **Gasthaus** befindet sich 200 m abseits der Strecke im Ortskern. Westlich an **Berg** vorbei führt der Naturfreundeweg ein kleines Stück über den Asphalt der K31, gewinnt als schöner Waldweg bis **Todenfeld** wieder an Höhe, um jenseits der K56 über die letzten Hänge der Eifel nach Rheinbach hinabzufallen. Trudeln Sie auf dem sehr schönen Waldweg gemächlich gen Zielort. Das weitläufige Waldgebiet ist besonders im Herbst wegen seiner Laubverfärbung reizvoll. Kleine Sehenswürdigkeiten am Wegesrand sind das *Schwarze Kreuz*, das ehemalige Kloster und heutige Wallfahrtsstätte **Waldkapelle** sowie die idyllischen Tümpel im Rheinbacher Stadtwald.

Rheinbach

Der Naturfreundeweg führt Sie direkt bis zum **Bhf Rheinbach**. Haben Sie noch etwas Zeit, schlendern Sie zum Abschluss der Tour durch den mittelalterlichen Stadtkern mit Burg und Hexenturm. Rheinbach war Schauplatz besonders grausamer Hexenverfolgungen. Zwischen 1631 und 1636 sollen 130 wohlhabende Bürgerinnen verfolgt worden sein.
Von Rheinbach fahren stündlich Züge nach Bonn und Euskirchen. Sie können also nach dem Stadtrundgang bequem in die Heimat zurückreisen.

AHRGEBIRGE & BROHLTAL

HOHES VENN & WARCHE-TAL

RUND UM DEN NATIONALPARK EIFEL

WALDEIFEL & AHRGEBIRGE

AHRGEBIRGE & BROHLTAL

ELZTAL & HOHE ACHT

LIESERTAL & MAARE

GEROLSTEIN & KYLLTAL

SCHNEIFEL & PRÜM

AN PRÜM, SAUER & KYLL

VON LUXEMBURG NACH BITBURG

DIE ANDERE SEITE DES ROTWEIN-WANDERWEGES

4

Zu Recht gilt das Ahrtal als eine der schönsten Mittelgebirgsregionen und der Rotweinwanderweg ist eine der bekanntesten Wanderungen Deutschlands. Aber wenn im Herbst, zu einem langen Lindwurm aufgereiht, hunderte Kegelclub-Ausflügler und Weinlese-Touristen diesen entlang spazieren, genießen Sie besser auf dem gegenüberliegenden Ufer der Ahr die tolle Landschaft für sich ganz allein. Sie wandern durch weitläufige Waldgebiete, steile Weinberge, schroffe Felslandschaften und schließlich hinein ins Brohltal, dessen sanfter Hügel von der markanten Ruine Olbrück dominiert wird.

ERNTEDANKFEST IN HECKENBACH

▶ Jedes Jahr an den ersten Oktobertagen feiern die Heckenbacher Erntedankfest. Und jedes Jahr sitzen Herr Schröder und sein bester Freund Herr Küppke, der eine groß und dick, der andere klein und gedrungen, am Eingang zum großen Festzelt, kassieren einen Euro fünfzig Eintritt und begrüßen Freunde und Verwandte aus den umliegenden Dörfern. Aber 2005 war alles anders.

»Ah, die Wanderer«, begrüßte uns Herr Schröder. Der Aufenthalt von vier Fremden in dem kleinen Nest zwischen Ahr- und Brohltal hatte sich schnell herumgesprochen. Herr Schröder schickte nach 6 Gläsern Bit – 4 für uns, eines für Herrn Küppke und eines für sich selbst. »Guten Aufenthalt auf meiner Wiese«, hieß er uns willkommen.

Den ganzen Weg seit Heimersheim hatten wir unsere Zelte und Schlafsäcke im Gepäck. Wir hatten beschlossen, auf dieser Tour im Freien zu übernachten. Schnell hatten wir eine idyllische Wiese an einem kleinen Bach nur wenige Meter außerhalb des Dorfes gefunden und an einer Haustür geschellt, um uns nach dem Besitzer zu erkundigen. Trotz Hinweisen blieb Herr Schröder für uns unauffindbar. Niemand sagte uns, dass er wie jedes Jahr am

Flickenteppich im engen Tal: Blick vom Koppen auf Mayschoß im Ahrtal

Einlass zum Erntedankfestzelt saß. »Der Schröder hat sicher nichts dagegen«, gab uns schließlich eine ältere Dame die Erlaubnis, unsere Zelte auf der Kuhwiese aufzuschlagen. Wir errichteten guten Gewissens unser Nachtlager, aßen etwas und gingen hinüber ins Festzelt. An Schlafen war so früh am Abend nicht zu denken. Schlagermusik beschallte das enge Tal.

Im Festzelt lernten wir halb Heckenbach kennen. Denn im Gegensatz zu den Bewohnern des Ahrtals feiern die Heckenbacher meist unter sich. Touristen verirren sich selten hierher. Man spendierte uns Runden, wir spendierten ihnen Runden und zwischendurch tanzten wir. Für einen kurzen Moment überlegten wir, ob wir am nächsten Tag wohl rechtzeitig ins Brohltal gelangen würden, um den Vul-

Das Ahrtal (EV-K 9); *Das Brohltal* (EV-K 10).

www.ahr-rotwein-wanderweg.de.

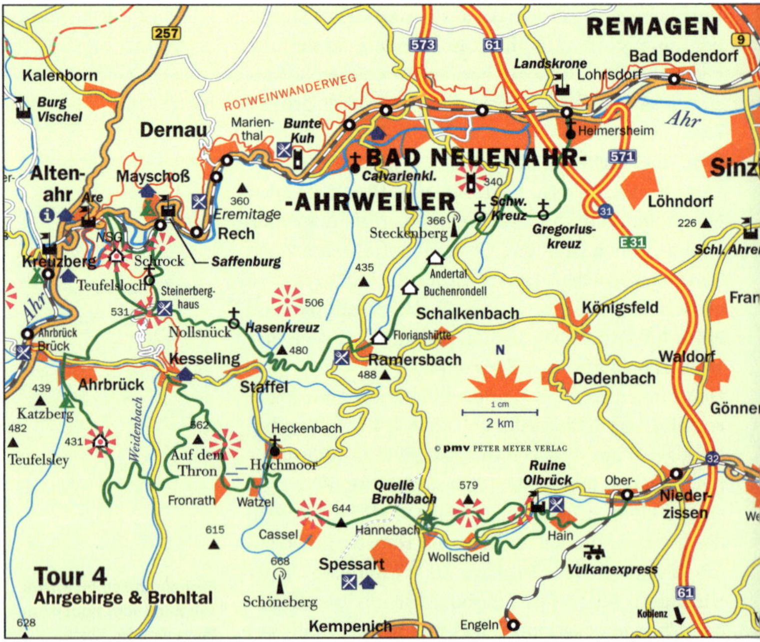

kan-Express um 16.48 Uhr nach Brohl am Rhein zu erreichen. Dann vergaßen wir das Morgen und feierten weiter. Zum Abschied rief uns Herr Schröder hinterher: »Passt auf, dass ihr euch nicht in die Kuhfladen legt!« Herr Schröder und Herr Küppke überschlugen sich vor Lachen. ◀

Mehrtagestouren im Westen Deutschlands enthält eine Beschreibung des Rotweinwanderweges: In 3 Tagen von Bad Bodendorf nach Ahrbrück. pmv Peter Meyer Verlag, ISBN 978-3-89859-305-2, 12,95 €.

Tourencharakter

Meist wandern Sie gemächlich über Höhenzüge mit viel Weitblick. Geht es hinab in die tief eingeschnittenen Täler von Ahr, Kesselinger und Brohlbach ist Kondition und sicherer Tritt gefragt. Vor allem durch die Felsen des Ahrgebirges führen abenteuerliche Pfade. Während besonders zur Weinlesezeit im Herbst der berühmte Rotweinwanderweg busseweise angefahren wird, finden Sie hier am Südufer der Ahr fernab des Massentourismusses alles, was der Rotweinwanderweg auch bietet, darüber hinaus aber vor allem Ruhe und Abgeschiedenheit. Und auf Ihrem weiteren Weg ins Brohltal wird es noch einsamer.

Tipp: Kombinierte 8-Tages-Tour: Verbinden Sie Tour 4 mit Tour 3 und 2 (↗ Rucksack packen & Schuhe schnüren).

Die Wanderung in Kürze — 3 Tage, 66 km, 2250 HM

Schwierigkeitsgrad: Mittelschwere Tour mit einigen steilen Felspassagen im Ahrgebirge und langen Anstiegen am 2. und 3. Tag.

1. Tag: Heimersheim → Mayschoß 26 km

2. Tag: Mayschoß → Kesseling 19 km

3. Tag: Kesseling → Oberzissen 21 km

Höchster Punkt: Rocksbüsch (631 m)

Anfahrt: Mit der Bahn bis Remagen, weiter mit der Ahrtalbahn bis Heimersheim.

Rückfahrt: Von Oberzissen mit dem Vulkan-Express nach Brohl am Rhein (April – Mai Di, Do, Sa und So 16.55 Uhr). Alternativ verkehrt Bus 816 um 14.28 Uhr. Weiter mit der Bahn. www.vulkan-express.de.

Unterkunft: In Mayschoß, Kesseling.

Weitere Bahnhöfe an der Wanderstrecke: Tag 1: alle Orte im Ahrtal. Tag 2: in Ahrbrück.

Beste Jahreszeit: Im Herbst besonders reizvoll.

Dort werden Sie zum Abschluss der 3-tägigen Wanderung mit einem echten Schmankerl belohnt: Mit dem Vulkan-Express geht es auf Schmalspurschienen hinab ins Rheintal.

Einkehr und Markierung

Im Ahrtal finden Wanderer eine hervorragende Infrastruktur vor. Auf Ihrem Weg ins Brohltal gibt es zwar nicht mehr ganz so viele Gasthäuser, aber die Wege sind auch dort gut markiert.

✹ **Tipp:** Im Juni steigt an einem Wochenende das **Brohltalfest** mit Dampflokfahrten.

1. Tag

Heimersheim (85 m) → Schwarzes Kreuz (360 m) 7 km → Ramersbach (450 m) 12 km → Hasenkreuz (420 m) 19 km → Antoniuskreuz (440 m) 23 km → Mayschoß (135 m) 26 km

Wanderzeit: 6 Std.

Schwierigkeit: Mittelschwere Wanderung mit einer Vielzahl sehr kurzer, steiler Anstiege. Die längste Etappe auf dieser Tour.

Höhenmeter: 706 m

Höchster Punkt: 480 m

Startpunkt: Bhf Heimersheim

Einkehr: In Ramersbach, Steinerberghaus

GPS Mayschoß/Bhf:

O 007°01´15´´

N 50°31´02´´

Am Südufer der Ahr entlang bis nach Mayschoß

Vor allem viel Natur und einsame Waldwege bietet die heutige Etappe. Damit ist die Wanderung entlang dem Ahr-Südufer der Gegenentwurf zum Rotweinwanderweg. Auf einer Länge von 18 km wandern Sie durch den weitläufigen Ahrweiler Wald und steigen zum Schluss durch die schroffen Felsen des Ahrgebirges ins Winzerörtchen Mayschoß hinab.

▶ Ebenso unkompliziert wie die Anreise mit der Bahn ist der Einstieg in die 1. Etappe in **Heimersheim**. Laufen Sie vom Bhf über die Fußgängerbrücke in den Ortskern. An der spätromanischen *Mauritiuskirche* treffen Sie auf die **Markierung A4** und folgen ihr bergauf bis zum *Gregoriuskreuz*. Sie wandern zunächst auf einem Kreuzweg durch herrliche Obstwiesen oberhalb des Örtchens. Einzig die A61 stört hier. Aber als Entschädigung für den Autolärm haben Sie einen fantastischen Blick auf die Landskrone, ein markanter Bergkegel am gegenüberliegenden Ufer der Ahr.

Am Gregoriuskreuz schlagen Sie den 4. Weg im Uhrzeigersinn ein, **Beschilderung Idenbachtal.** Die herrlichen Mischwälder ringsherum schlucken allmählich die Motorengeräusche und bald begleitet Sie nur noch das Rauschen des Windes in den Bäumen. Wanderern werden Sie in dieser Gegend nur vereinzelt begegnen. Im *Idenbachtal* treffen Sie auf einen Asphaltweg mit der **Markierung 1,** den Sie talaufwärts laufen. Nach 1 km führt ein unmarkierter, schmaler Pfad nach rechts über die L83 steil bergauf zum *Geiselberg* (296 m). Zum **Schwarzen Kreuz** gelangen Sie schließlich wieder entlang der **Markierung 1.** Verschiedene Wege führen nun auf dem Kamm in Richtung Andertalhütte. Der schönste ist ein schmaler Pfad durch den herrlichen Buchen- und Eichenwald zwischen dem Schwarzen Kreuz und dem Sendemast Steckenberg.

Nichts für zarte Gemüter: Schwurhand im Schwarzen Kreuz eingemauert

Von der *Andertalhütte* wandern Sie weiter auf dem Hannebacherweg, **Markierung 8,** zum Buchenrondell und folgen den **Markierungen 11** und **»h«** an der *Florianshütte* vorbei bis ☒ **Ramersbach**. Vorsicht, die Markierung lässt zu wünschen übrig.

Die 6 km zwischen Ramersbach und Hasenkreuz sind sowohl landschaftlich wie im Profil abwechslungsreich. Der Weg führt über Streuobstwiesen und Wälder und immer wieder über kurze, steile Anstiege. Verlassen Sie Ramersbach nach Westen auf dem ***Ahr-Venn-Weg,* Markierung schwarzer Pfeil (11),** folgen dann der **Markierung A12** den Südhang des *Hil-*

☒ **Gasthaus Halfenhof,** Forststraße 13, 53474 Bad Neuenahr-Ahrweiler, Ortsteil Ramersbach, ✆ 02646/1711, Mo und Di Ruhetag, Mi, Do, Fr 12 – 14.30 und ab 17.30 Uhr, Sa, So ab 11 Uhr durchgehend geöffnet.

☒ **Steinerberghaus,** Steinerberg 1, 53506 Kesseling, ✆ 02647/3216, Mo und Di Ruhetag.

In 53508 Mayschoß:

🏠 **Hotel-Pension Jägerstübchen,** Ortsteil Laach, ✆ 02643/93700, Fax 937010, www.jaegerstuebchen.de, 20 DZ ab 60 €.

🏠 **Hotel-Weinhaus Kläs,** Ahr-Rotweinstraße 50, ✆ 02643/1657, Fax 3101, www.mayschoss.de/klaes, 1 EZ, 9 DZ ab 53 €.

⛺ **Camping Zur Burgwiese,** Sonnenscheidstraße 35, ✆ 02643/7652, Fax 359646, www.ahr-camping.de, ÜpP 12 €.

ℹ Nur im Internet: www.mayschoss.de.

gesberg bis zur Schutzhütte und weiter der **Markierung 15a** und **16** im Zickzack nördlich an Staffel vorbei. Die letzten Meter hinauf zum **Hasenkreuz** sind sehr steil.

Auf den folgenden 2 km, den Nordhand des *Nollsnück* entlang, kündigt sich immer deutlicher die Charakteristik des Ahrgebirges an. Der Weg verläuft zwar eben, aber rechts fällt der Hang steil zur Ahr hinab. Recht häufig säumen nun Felsen den Wegesrand. Statt auf dem Ahr-Venn-Weg, der hier eine Wanderautobahn ist, laufen Sie eine Etage tiefer auf einem schöneren, aber unmarkierten Waldweg. Am *Steinerberg* (531 m) gibt es ein beliebtes ☒ **Gasthaus.** An der großen Waldkreuzung unterhalb führen mehrere markierte Wege zusammen. Folgen Sie der **Markierung 1** bergab in Richtung des Kreuzes **Antoniusruh** und weiter zur *Flucht nach Ägypten*, einem weiteren, hellen Bildstock. Immer steiler fällt der Weg nun gen Tal ab. Versäumen Sie es nicht, einen kleinen Abstecher zum *Koppen* zu machen. Ein schmaler Pfad führt durch die schroffen Felsen mit bizarr verformten Krüppeleichen. Von dem Bergrücken haben Sie den besten Blick auf Mayschoß, seine Weinberge, die Saffenburg und Rech. Wenn Sie an einem perfekten Spätsommerabend hier heraufkommen, kommen Sie in den Genuss eines prächtigen Sonnenuntergangs. Und niemand wird Sie stören.

In die Jahre gekommen: Krüppeleiche am Koppen

Mayschoß

Zurück auf dem markierten Weg folgen Sie einfach der **Beschilderung 2** durch die Weinberge bis zum Bhf Mayschoß. In dem Winzerort finden Sie zahlreiche Gasthöfe. Und es wäre eine ausgemachte Sünde, wenn Sie sich ins Bett legen, ohne wenigstens einen Schoppen Ahrwein probiert zu haben.

Durchs Ahrgebirge nach Kesseling

Teilen Sie sich trotz der Kürze dieser Etappe Ihre Kondition gut ein, dann Sie kraxeln auf der 1. Etappenhälfte durch die steilen Felsen des Ahrgebirges. Und auf der Schleife von Ahrbrück nach Kesseling nähern Sie sich allmählich der 600-Metermarke.

▶ Aber zunächst wandern Sie auf flachem Terrain durch die Weinberge von Mayschoß nach Reimerzhoven. Folgen Sie dazu ab dem schmucken **Bhf Mayschoß** auf dem Südufer der Ahr der **Markierung 3** die weite Ahrschliefe entlang. Nach gut 2 km geht es einen steilen Anstieg hinauf, **Markierung 6.** Auf nur 2 km überwinden Sie auf einem schmalen Pfad 330 Höhenmeter. Der Aufstieg hat alpinen Charakter. Vom Gipfelkreuz der *Teufelsley* und an der Schutzhütte am *Schrock* (405 m) haben Sie eine tolle Fernsicht.

Südlich der Schutzhütte verflacht der Pfad. Entlang der **Markierung 8** laufen Sie durch weitere Felsen und schließlich auf einem Waldweg der Schonung am *Winterhardt* entgegen. Folgen Sie hier dem unmarkierten Waldweg nach Südosten. Gut 800 m weiter treffen Sie auf die große Kreuzung unterhalb des ☒ **Steinerberghaus.** Biegen Sie dort nach rechts in den Waldweg mit der **Markierung 2** und folgen dem *Auschsbach* talwärts nach Ahrbrück. Buchen, Eichen, Fichten, Douglasien und Ahorn: Der Waldbewuchs wechselt hier ebenso häufig wie der Weg zwischen schmalem Pfad und breitem Waldweg.

2. Tag

Mayschoß (135 m) → Steinerberg (480 m) 5 km → Ahrbrück (210 m) 8 km → Weidenbach (278 m) 13 km → Kesseling (231 m) 19 km

Wanderzeit: 4 ½ Std.

Schwierigkeit: Kurze, aber mittelschwere Tour mit steilen Anstiegen im Ahrgebirge.

Höhenmeter: 811 m

Höchster Punkt: 546,8 m

Startpunkt: Bhf Mayschoß

Einkehr: Steinerberghaus, in Ahrbrück

GPS Kesseling:
O 007°01´30´´
N 50°28´54´´

✹ **Tipp:** Am 2. Tag in Mayschoß **Verpflegung und Getränke** einkaufen. Zwischen Ahrbrück und Burg Olbrück gibt es nur in Kesseling und Spessart Gaststätten.

☒ **Steinerberghaus,** ↗ 1. Tag.
☒ **Hotel-Restaurant Tannenhof,** Denntalstraße 60, 53506 Ahrbrück, ✆ 02643/903960, Fax 903962, Di Ruhetag, 1 km abseits an der B257.
⌂ **in 53506 Kesseling: Gasthaus Zum Nürburgring,** Kirchstraße 2, ✆ 02647/801093, Fax 802540, 4 DZ ab 50 €.
⌂ **in 56746 Spessart: Hotel Restaurant Zum Bockshahn,** Mittelstraße 12, ✆ 02655/941390, Fax 9413939, www.bockshahn.de, 8 EZ bzw. DZ ab 60 €.

Schroeck lass nach: Von der Schutzhütte Schroeck fällt der Hang steil ins Ahrtal hinab

Das Asphaltstück über die L85, vorbei am Industriekomplex zum Sportplatz **Ahrbrück,** können Sie über den unmarkierten Pfad am Südhang des *Müllenbergs* bis zur Silvesterhütte und von dort steil hinab zum Sportplatz umgehen. Südlich des Ortes verlassen Sie das Ahrgebirge mit seinen schroffen Felsen. Dennoch gewinnen Sie im folgenden Streckenverlauf immer mehr an Höhe, denn die Wälder von Kesselinger und Adenauer Staatsforst gehören schon zur Hocheifel. Folgen Sie zunächst der Asphaltstraße ins *Dennbachtal* und der **Beschilderung Hotel Tannenhof** bzw. **Campingplatz.** Linker Hand vom *Campingplatz* führt ein schmaler Pfad mit der **Markierung 3** steil den Hang bergauf und trifft nach ca. 100 m auf einen breiten Weg. Über 5 Kehren laufen Sie weiter bergauf. Er geht über in einen Gras bewachsenen Weg, der kurz vor der Schutzhütte auf eine herrliche Hochfläche mit üppigem Ginsterbewuchs hinausführt. Die **Markierung** wechselt noch einmal auf **4**.
Auf einem angenehm zu laufenden Waldweg mit der **Markierung 8** wandern Sie nun über den *Liverinksnück* bis nördlich von *Weidenbach*. An der Schonung

am *Dedenhack* führt der Weg der **Markierung 7** hinunter in das Örtchen. Ein kurzes Stück die L90 talaufwärts folgen Sie an der *Kammeslei* dem breiten Waldweg mit der **Markierung 7** über einige Serpentinen hinauf zur Höhe *Auf dem Thron*. Von dort geht es noch 1,5 km weiter und am Sendemast *Mellerberg* vorbei, von wo der Weg steil hinab zum Etappenzielort fällt. **Kesseling** geht auf eine Klostergründung zurück, hat aber müden Wanderern nicht viel zu bieten.

Unterkünfte zwischen Ahr- und Brohltal

In den Tälern zwischen Ahr- und Brohltal gibt es nicht viele Gasthäuser und keinen Campingplatz. Die beiden Optionen für die Übernachtung am 2. Tag sind **Kesseling** und **Spessart**. Spessart liegt jedoch, dem Etappenverlauf von Tag 3 folgend, gut 1,5 km südlich vom Rocksbüsch. Von hier sind es bis zum Tourziel in Oberzissen nur noch 13 km.

Camper müssen für die 2. Nacht auf dieser Tour einen Bauern um die Erlaubnis fragen, auf seiner Wiese zu übernachten. Wir hatten 2005 das Vergnügen in Heckenbach.

3. Tag

Durchs obere Brohltal nach Oberzissen

Die letzte Etappe auf dem »falschen« Rotweinwanderweg beginnt noch einmal mit einem 315 m langen Anstieg. Auch wenn auf Sie der Etappe relativ viele Höhenmeter überwinden, ist sie im Grunde ideal für die letzten gemütlichen Wanderkilometer im Jahr. Ab Hannenbach laufen Sie die sanften Hänge des Brohltals hinab. Und mit der historischen Schmalspurbahn Vulkan-Express schaukeln sie schließlich ins Rheintal zurück.

▶ Von der Kirche in **Kesseling** nach Fronrath gelangen Sie auf dem gleichen Weg, den Sie gestern über den Mellerberg gekommen sind. Am besten folgen Sie gleich ab Kesseling der **Markierung 6** bis nach

Kesseling (450 m) → Fronrath (530 m) 4 km → Hühnerberg (560 m) 7 km → Hannebach (518 m) 11 km → Wollscheid (360 m) 15 km → Ruine Olbrück (460 m) 17,5 km → Oberzissen (220 m) 21 km

Wanderzeit: 5 ½ Std.

Schwierigkeit: Sehr langer Anstieg zu Beginn, dennoch eine leichte Wanderung zum Genießen.

Höhenmeter: 733 m

Höchster Punkt: Rocksbüsch (631m)

Startpunkt: Kirche Kesseling

Einkehr: Burg Olbrück

GPS Oberzissen/Bhf:

O 007°12´04´´

N 50°27´19´´

*Zwölf Gemeinden des **Heckenbacher Ländchens,** darunter auch Fronrath, mussten 1937 dem Luftwaffenübungsplatz der Nazis mit Mann und Maus weichen. Erst nach dem Zweiten Weltkrieg durfte das Gebiet wieder besiedelt werden.*

Fronrath. Der Anstieg ist lang und sehr steil. Die Gegend hier recht unwirtlich. Kalte Winde fegen über die Hochebene des ***»Heckenbacher Ländchens«*** und bringen viel Feuchtigkeit mit sich. Achten Sie auf die Hochmoore rund um das kleine Höhendorf. Auch hinunter ins *Atzbachtal* folgen Sie weiter der Markierung 6. Von *Watzel* aus steigen Sie über einen schönen Grasweg, **Markierung 3,** den Osthang des Atzbachs bergauf. Genießen Sie kurz die wunderbare Wiese *Auf der Heide* und wandern dann über die ***Historische Straße Wacholderweg,*** **Markierung »h«,** weiter bergauf bis zum **Hühnerberg**. Nördlich von *Cassel* halten Sie zunächst auf einem Asphaltweg auf den *Bockshahn* (644 m) zu und umgehen den Gipfel südlich auf einem der unmarkierten Wege. Die Waldwege im *Rocksbüsch* sind traumhaft weich mit Gras bewachsen. Sie führen durch einen lichten Kiefernwald mit reichlich Blaubeersträuchern im Unterholz. Der Rocksbüsch ist mit 631 m zugleich der höchste Punkt dieser Tour.

Kaum treten Sie an seinem östlichen Ende aus dem Wald heraus, haben Sie freien Blick über die Burg Olbrück hinweg ins Brohltal und weiter hinab bis zum Rhein. Im Vordergrund steht der Vulkankegel *Perlerkopf*. Auch die Ruine Olbrück steht auf einem markanten Vulkankegel und dominiert die sanften Hügel rings herum. Das Tal ist weitläufig und im Herbst wehen warme Winde vom Rhein herauf. Die Farben der Wälder und Wiesen leuchten dann besonders intensiv.

Über die mit Kopfstein gepflasterte Kohlenstraße, **Markierung Ob2b,** wandern Sie hinab nach **Hannebach**, wo der Brohlbach seine Quelle hat. Durch das Örtchen hindurch folgen Sie Ob2b zum *Perlerkopf.* Über die *Hannebacher Ley* umgehen Sie nördlich den **Basaltsteinbruch** und wandern, immer die Burg Olbrück im Blick, über herrliche Pferdekoppeln auf einem Gras bewachsenen Weg bergab. Am Ende gelangen Sie auf einen breiten Waldweg mit der **Mar-**

Tippeltour: Auf einem wundervollen Wiesenweg geht's von Hannebach Richtung Ruine Olbrück

Bis in die 50er Jahre wurden ***Basalt*** *und Lava aus dem oberen Brohltal industriell abgebaut.*

kierung 0. Auf diesem laufen Sie um den vor Ihnen liegenden Bergrücken bis nach **Wollscheid**. Greifbar nah liegt nun die Ruine vor Ihnen. Auf der Südseite der L111 führt der Weg hinauf zur *Hauslei* (447 m) und weiter bis an den Fuß der **Ruine**.

Burg Olbrück

Der Weg hinauf zur Burg ist der letzte steile Anstieg. In der ☒ **Ruine** finden Sie Gelegenheit zur Einkehr. Die gesamte Anlage ist gleichzeitig eine Erlebnisausstellung mit Informationen zum Vulkanismus und zur Kulturgeschichte des Mittelalters.

Olbrücker Kastellaney, Burg Olbrück, 56651 Niederdürenbach-Hain, ✆ 02636/968940, Fax 968941, www.kastellaney-burgolbrueck.de, März – Okt Mo 14 – 18, Di – So 10 – 18 Uhr, Nov. Dez, Feb täglich 10 – 16 Uhr, Jan geschlossen.

Strecke der Brohltalbahn: Engeln, Brenk, Oberzissen, Niederzissen, Weiler, Burgbrohl, Bad Tönisstein, Schweppenburg-Heilbrunnen, Schweppenburg-Güterbhf, Brohl (Rhein).

Die letzten 3 km bis zum Zielort können Sie gemütlich auslaufen. Südlich von *Hain*, das am Fuße der Ruine liegt, gelangen Sie auf Wiesenwegen ins *Quackenbachtal*. Ein breiter Feldweg mit der **Markierung Oz3** führt Sie nach **Oberzissen** hinein. Der Bhf ist mit **Vulkan-Express** ausgeschildert.

Mit der Bimmelbahn ins Rheintal

Derzeit noch ohne Original-Dampflok – die alte Dame *11sm* unterzieht sich einer langwierigen Runderneuerung – ist die Fahrt mit dem **Vulkan-Express** hinab ins Rheintal dennoch ein toller Abschluss einer wunderbaren Tour. Bei gutem Wetter fahren einige Waggons sogar offen, manchmal gezogen von Gastloks aus dem Harz. Die Nachmittagsfahrt ist um 16.55 Uhr. Tickets gibt es im Zug. Wanderer, die eine weite Heimreise haben, finden in Bad Breisig zahlreiche Unterkünfte.

ELZTAL & HOHE ACHT

GIPFELSTURM AUF DIE HOHE ACHT

5

Fast von Normalnull bis auf den höchsten Punkt im Eifelraum: Diese anspruchsvolle 2-Tages-Tour führt aus dem milden Moseltal durch das feuchtwarme Elztal hinauf ins raue Klima der Hohen Acht. Unterwegs bekommen Sie einen einmaligen Eindruck von den ganz unterschiedlichen Landschaften und Vegetationsstufen der Eifel.

KLIMAWECHSEL

▶ »Kein mitteleuropäisches Gebiet besitzt [...] einen solchen Reichtum an gegensätzlichen Landschaften wie die Eifel«, ist im Eifelführer zu lesen. Und seit meiner Wanderung durch das Elztal hinauf zur Hohen Acht im Oktober 2006 kann ich das nur bestätigen. Es war ein perfektes Spätsommerwochenende. Ein Hochdruckgebiet hatte Deutschland fest im Griff. Blauer Himmel und die Temperaturen reichten ein letztes Mal an die 30-Grad-Marke heran.

Heiße und schwül-feuchte Luft erfüllte das enge Elztal. Liliengewächse gediehen üppig. »Eindeutig subtropisches Klima«, beschloss ich. Wie üblich hatte ich meinen Rucksack, aus Angst, ich würde unterwegs elendig verhungern, viel zu schwer gepackt und nicht damit gerechnet, dass ich den ganzen Tag über Felsen, Steine, Wurzeln oder kurze steile Anstiege kraxeln musste. Schweiß rann mir eimerweise den Rücken hinunter. Ich überlegte mehrmals, ob ich mich meines T-Shirts entledigen sollte. Aber ich kam zu dem Schluss, dass Wandern auch eine Kulturangelegenheit ist, die ein Minimum an Bekleidung erfordert.

Meine Zurückhaltung war allerdings dahin, als mir auf Höhe der Brückenmühle fünf ältere Herren entgegen wanderten, die nicht mehr als ihre Wandershorts am Leibe trugen. Den ganzen Sommer über hatte ich eine solche Hitze nicht erlebt.

»Tundra-Fauna«, überlegte ich mir 25 km weiter beim Anblick der kräftigen Grashalme und der sta-

Pfad durch die Blumenrather Heide: Im Hintergrund thront die berühmte Nürburg

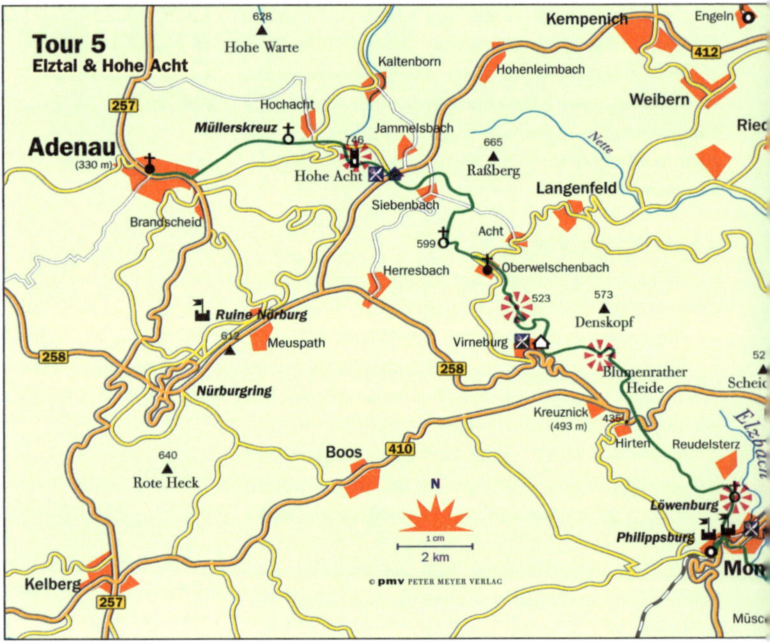

Maifeld und Untermosel (EV-K 34); *Osteifel mit Laacher-See-Gebiet* (EV-K 32); *Oberes Ahrtal* (EV-K 11).

cheligen Wachholderbüsche im Schutzgebiet Blumenrather Heide. Die Sonne schien nach wie vor intensiv, aber ich hatte an Höhe gewonnen. Ein kühler Wind blies von Westen her. An ein Sonnenbad, im Gras liegend, war nicht mehr zu denken.

Ich stieg noch weiter bergauf bis auf die Hohe Acht. Und obwohl auch auf 746,9 m die Sonne noch schien, packte ich meinen Windstopper aus. Der kalte Westwind hatte an Stärke zugenommen, vertrieb die wenigen Wolken vom makellos blauen Himmel und reinigte die Luft. Auf der Plattform des Kaiser-Wilhelm-Turms schoss ich schnell ein Gipfelfoto. Hier oben war es zu kalt, um die tolle Fernsicht ausgiebig zu genießen. »Bergwetter«, dachte ich beim eiligen Abstieg. ◀

Die Wanderung in Kürze — 2 Tage, 61 km, 1727 HM

Schwierigkeitsgrad: Vor allem die beiden langen Tagesdistanzen und der anspruchsvolle Pfad durchs Elztal machen die Besteigung der Hohen Acht zu einer schwierigen Tour.

1. Tag: Moselkern → Monreal 31,5 km

2. Tag: Monreal → Adenau 29,5 km

Höchster Punkt: Hohe Acht (746,9 m)

Anfahrt: Mit der Bahn bis Moselkern.

Rückfahrt: Von Adenau mit Bus 863 (letzte Verbindung 19.38 Uhr), in Ahrbrück Anschluss an die Ahrtalbahn bis Remagen, weiter mit der Bahn.

Unterkunft: In Moselkern, Monreal, Adenau.

Weitere Bahnhöfe an der Wanderstrecke: In Monreal.

Beste Jahreszeit: An langen Sommertagen Juni – Mitte Okt.

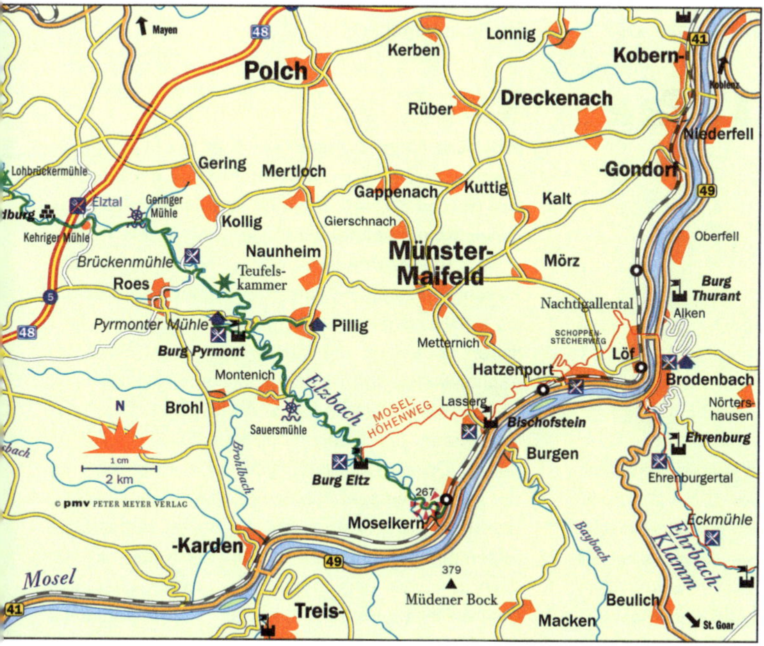

Tipp: Burg Eltz ist an den Wochenenden die touristische Hauptattraktionen in der Eifel. Gehen Sie den Massen aus dem Weg und starten Sie Ihre Tour freitags.

Mehrtagestouren im Westen Deutschlands enthält eine wunderbare Variante durch das Elztal: In 3 Tagen von Boppard am Rhein nach Monreal. pmv Peter Meyer Verlag, ISBN 978-3-89859-305-2.

Tourencharakter

Sie müssen für die Besteigung der Hohen Acht in 2 Tagen eine gute Kondition mitbringen. Aber lassen Sie sich nicht von den langen Tagesetappen abschrecken. Verzichten Sie lieber auf schweres Gepäck. Die ersten 6 km ausgenommen, sind menschenleere Wanderwege, eindrucksvolle Landschaften und der unvergleichliche Blick von der Hohen Acht über den gesamten Eifelraum Ihr Lohn. Ganz nebenbei führt Sie Ihr Weg an den spektakulär gelegenen Burgen Eltz und Pyrmont und den romantischen Orten Monreal und Virneburg vorbei. Der Pfad durch das Elztal ist ein einzigartiger Wanderweg.

Alternative: Wer sich die beiden langen Tagesstrecken nicht zutraut, braucht auf diese tolle Tour nicht zu verzichten. Wandern Sie in 3 Tagen bis Adenau: erste Übernachtung in der Pyrmonter Mühle, zweite in Virneburg.

1. Tag

Durch das Elztal bis Monreal

Eine sehr lange Tagesdistanz liegt heute vor Ihnen, aber auch einer der schönsten Wege in der Eifel. Mit den Burgen Eltz und Pyrmont sowie dem mittelalterlichen Monreal bietet die Etappe einiges fürs Auge.

▶ Vom Bhf **Moselkern** wandern Sie entlang der **Markierung P4** zunächst durch die Weinberge hinauf auf die Höhen nördlich des Ortes, von wo Sie einen herrlichen Blick über die Mosel haben. Am Ende des Asphaltweges steht linker Hand eine Holzbank. Dahinter steigt P4 steil bergauf und führt dann nach links wieder durch den Weinberg zur K33. Im Folgenden ist P4 schlecht beschildert. Der Pfad führt auf der gegenüberliegenden Straßenseite, wenige Meter unterhalb einer kleinen Kapelle, weiter bergauf. Sie folgen ihm auf ein freies Feld auf der Höhe und wandern dann auf dem Wiesenweg in westlicher Richtung am Hang entlang. Der Weg ist unterschiedlich markiert, folgen Sie **P3**. Nach rund 300 m fällt der

Tipp: Burg Eltz, April – Nov 9.30 – 17.30 Uhr, Erw 6 €, bietet gleich zwei Selbstbedienungs-Lokale, die an Wochenenden brechend voll sind. www.burg-eltz.de

Weg auf dem steilen Pfad durch mehrere Serpentinen ins Elztal hinab. Auf dem Talgrund stoßen Sie auf den Jacobsweg.
Auf dem Rest der Etappe ist die Orientierung nun denkbar einfach: Sie folgen dem ***Jacobsweg*, Markierung schwarzes Dreieck (1)** und im Prinzip immer der Elz flussaufwärts bis Monreal. Unterwegs ist die Markierung an einigen Stellen schlecht. Das Tal wird immer enger, seine Hänge steiler und der Weg wilder. Der Jacobsweg ist auf den kommenden 22 km praktisch durchgehend als Pfad angelegt, was in Mittelgebirgen eine Seltenheit ist.
Als nächstes stellt sich Ihnen die **Märchenburg Eltz** in den Weg. Sie liegt idyllisch auf einem 70 m hohen Felsen, inmitten einer weiten Schleife der Elz und ist ein Paradebeispiel für den Burgenbau in deutschen Mittelgebirgen. Seit 800 Jahren ist sie im Besitz der Edlen Herren und Grafen von und zu Eltz.
Im weiteren Streckenverlauf werden Sie immer weniger Menschen antreffen, dafür aber umso mehr Kröten, Reiher und Liliengewächse. Vorbei an der *Sauersmühle* und *Löffelmühle* laufen Sie, den Kehren des Elzbachs folgend, der **Burg Pyrmont** entgegen. Die ☒ **Pyrmonter Mühle** unterhalb der Burg ist der perfekte Ort, um Kraft für die 2. Etappenhälfte zu

Moselkern (78 m) → Burg Eltz (130 m) 6 km → Pyrmonter Mühle (170 m) 13 km → Brückenmühle (200 m) 17 km → Müsch (294 m) 28 km → Monreal (295 m) 31,5 km
Wanderzeit: 8 ½ Std.
Schwierigkeit: Sehr lange und anspruchsvolle Etappe mit 20 sehr kurzen Anstiegen über einen wilden Pfad.
Höhenmeter: 863 m
Höchster Punkt: Parkplatz Monreal (318 m)
Startpunkt: Bhf Moselkern
Einkehr: Burg Eltz, Burg Pyrmont
GPS Monreal/Kirche:
O 007°09´31´´
N 50°18´00´´

☒ **Landgasthof Pyrmonter Mühle,** ✆ 02672/7325, Fax 911403, Do Ruhetag.
☒ **Weinschänke Zur Brückenmühle,** ✆ 02672/910711, Fax 910712, Sa 11 – 21 Uhr, So 11 – 17 Uhr, Gruppen nach Vereinbarung.
In 56729 Monreal:
Pension Zum Obertor, Obertorstraße 18, ✆ 02651/6729, Fax 7009842, www.eifel.com, 1DBZ, 4 DZ ab 40 €.
Hotel Eifeler Hof, Bahnhofsstraße 2a, ✆ 02651/2832, sphilipp.wr@t-online.de, 5 DZ ab 50 €. Mit Gaststätte.
Camping Lohbrückermühle, 56729 Kehrig, ✆ 02651/3225, Fax 903848, ÜpP ab 4 €.
ℹ www.vordereifel.de, www.elzbachtal.de, www.monreal-eifel.de ✆ 02651/77685.

sammeln: gute Gerichte, eine Sonnenterrasse und ein idyllischer Wasserfall.

Die folgenden 4 km bis zur Brückenmühle sind die schönsten und anspruchvollsten. Der Pfad wird nun immer wilder, führt ständig durch felsiges Gelände und über 3 sehr steile Anstiege. Die Ursprünglichkeit des nassfeuchten Tals hat mich stark an meine Wanderungen in Neuseeland erinnert.

Die ☒ **Brückenmühle** bietet ebenfalls Gelegenheit zur Einkehr. Es folgen 4 weitere Mühlen ohne Restauration. An der *Kehrigermühle* stimmt die Wegführung nicht mit der Karte überein. Umgehen Sie die Mühle nördlich. Steigen Sie dazu die Straße steil bergauf und folgen in der 2. Kehre wieder dem **Jacobsweg** unter der Autobahnbrücke hindurch bis zu den Überresten der von den Franzosen 1810 geschliffenen *Mädburg*.

Bis Monreal sind es nun noch 8 km und die Schwierigkeiten des Tages liegen hinter Ihnen. Die geologische Gestalt des Tals wandelt sich. Es wird breiter und die Hügel rechts und links wölben sich sanfter. Immer häufiger führt der Weg nun über kühle Weiden. Eine willkommene Abwechslung zum engen und feuchten unteren Elztal.

Ab **Müsch** führt der Jacobsweg über Schotter

Fachwerkromantik pur: Monreal und die Löwenburg

und Pflastersteine. Etwa 1 km hinter Müsch, vor der nächsten Brücke über die Elz, verlassen Sie ihn für ein kurzes Stück nach links und folgen der **Markierung 5** am Waldrand des Polcher Holzes entlang bis zum *Suhrhof*. Der federnde Grasweg ist eine Wohltat für Ihre geschundenen Füße. Die letzten 1,5 km führen wieder über den **Jacobsweg** ins romantische Fachwerkörtchen **Monreal** mit seinen imposanten Ruinen *Phillips-* und *Löwenburg*.

Tipp: Camper müssen die Etappe an der Lohbrückermühle beenden. 6 km vor Monreal befindet sich der einzige Campingplatz der Gegend.

Sonnenuntergang über Monreal

Monreal ist einer der schönsten Orte in der Eifel. Sie finden hier ein gutes Angebot an Unterkünften und Restaurants. Mit noch etwas Kraft in Ihren Waden sollten Sie unbedingt mit einer Flasche Wein bewaffnet hinauf zur Löwenburg steigen und den Sonnenuntergang genießen.

Über die Hohe Acht nach Adenau

Am Ende der Etappe werden Sie auf dem höchsten Berg der Eifel stehen. Spielt das Wetter mit, blicken Sie von hier oben über weite Teile der Eifel. Hat der Vortag kaum Ansprüche an Ihr Orientierungsvermögen gestellt, ist diese Begabung heute neben reichlich Kondition stärker gefragt. Die Markierungen wechseln häufiger und einige Passagen führen über unmarkierte Wege. Aber erklimmt man die ganz hohen Berge, ist es immer ein Abenteuer.

▶ Folgen Sie zwischen den Fachwerkhäusern von **Monreal** hindurch der **Beschilderung 7** zu den Burgen. Auf dem steilen Pfad laufen Sie zwischen der *Phillips-* und der *Löwenburg* hindurch, kommen an einem Skulpturenwald aus Holzschnitzereien vorbei und gelangen auf einen wunderschönen Wiesenweg. An seinem Ende fehlt die Beschilderung 2a. Sie umlaufen den Hochsitz links durch die kleine Böschung und gelangen so zum *Lauxhof* und weiter auf einem Asphaltweg zu einer kleinen Kapelle. 2 Wegkreuzun-

2. Tag

Monreal (295 m) → Brücke Hirten (419 m) 6 km → Blumenrather Heide (550 m) 10 km → Welschenbach (436 m) 15 km → Auf der Bolz (558 m) 18 km → Hohe Acht (746,9 m) 23 km → Adenau (320 m) 29,5 km

Wanderzeit: 7 ½ Std.

Schwierigkeit: Lange, anspruchsvolle Etappe mit mehreren steilen Anstiegen.

Höhenmeter: 863 m

Höchster Punkt: Hohe Acht (746,9 m)

Startpunkt: Hotel Eifeler Hof in Monreal

Einkehr: In Virneburg, Hohe Acht

GPS Adenau/Markt:
O 006°55´48´´
N 50°22´58´´

Café Restaurant Zur Burg, Hauptstraße 37, 5629 Virneburg, ✆ 02656/723, Mo Ruhetag.
Berghotel Hohe Acht, 53518 Hohe Acht, ✆ 02691/471, Fax 2459, www.hohe-acht.com, Di Ruhetag, 15 DZ ab 60 €. Auch Gaststätte.
ⓘ www.stadt-adenau.de, ✆ 02691/305-30.

gen später, kurz vor den Hirtenbergerhöfen, wandern Sie nach Westen in ein idyllisches Wiesental und an dessen rechtem Waldrand hinab ins *Karbachtal*.
Diesem abgelegenen Nord-Süd-Tal folgen Sie nun 8 km in nördlicher Richtung. Der Weg ist zunächst mit **2 markiert.** Weiter oben fehlen die Markierungen. Folgen Sie einfach dem Talverlauf über einen der vielen Wiesen- oder Forstwege. Tannen-, Buchen und Eichenwälder, unterbrochen von Weideflächen, wechseln sich ab. An warmen Sommertagen mutet das Tal fast mediterran an.
Ein gewisses Hindernis stellt die **Hirtener Brücke** dar. Überqueren Sie auf ihr den Bach nach rechts. In der 1. Kurve führt ein unansehnlicher, unmarkierter Weg links das Tal weiter hinauf. Schon nach wenigen Metern tritt er aus dem Wald aufs offene Feld und führt ebenso idyllisch wie vor der Brücke bergauf. Zur **Blumenrather Heide** hin gewinnt der Weg deutlich an

Kräftesammeln: Den langen Anstieg zur Hohen Acht vor Augen macht das Päuschen in der Blumenrather Heide doppelt süß

Höhe. Das Wachholderschutzgebiet ist ein weiterer idyllischer Fleck: ausladendende, Schatten spendende Bäume, hohes Gras und eine tolle Fernsicht. Auf dem ***Vulkanweg***, **Markierung schwarzer Pfeil (13),** gelangen Sie zur *Schutzhütte Virneburg*.

Virneburg umgehen Sie nun in nördlicher Richtung, der **Markierung 2 Bergpfad** folgend. Der Pfad ist tatsächlich alpin. Er führt einen steilen Hang entlang über Felsen und fällt nach 1,2 km als Forstweg ins *Nitzbachtal* ab. Überqueren Sie die Brücke, wandern in Richtung Sportplatz und kurz vor diesem linker Hand das kleine Tal in Richtung Freilingen bergauf. Die Wege sind unmarkiert. Daher halten Sie sich an der kleinen Fischzucht rechts und suchen sich Ihren Weg durch das Waldgebiet *Weidseifen* bergauf zum Wacholderschutzgebiet *Hohe Warte*. Dann geht es über die **Markierung 1** nach *Büchel* und weiter bis Welschenbach. Der schöne Feldweg ist zusätzlich als **5** bzw. **7D** markiert. Das Profil wird nun zunehmend schwieriger, die Anstiege länger und das Klima rauer. Sie haben die Hohe Eifel erreicht.

Zwischen **Welschenbach** und Siebenbacher Mühle folgt die letzte Passage über unmarkierte Wege. Folgen Sie einfach der K11 in Richtung Acht und in der 1. Kehre dem Forstweg weiter geradeaus bis zu einer Lichtung mit einer Kapelle und 3 Tannen (Höhenpunkt 559 m). Der 2. Weg im Uhrzeigersinn führt Sie hinab zur *Siebenbacher Mühle*. Ab hier laufen Sie auf der **Markierung 2** nördlich um Siebenbach herum. Leider fehlt die Beschilderung am Einstieg: Ein Schotterweg führt auf der gegenüberliegenden Straßenseite der Mühle bergauf durch einen Tannenwald. Der Weg steigt zur Wachholderheide **Auf der Bolz** immer steiler an. 300 m weiter kommt erstmals die Hohe Acht in Ihren Blick. Urplötzlich steht der vulkanisch geformte Kegel vor Ihnen und überragt die umliegenden Hügel. Es folgen 2 steile Anstiege. Über die B412 (Eifel-Ardennen-Straße) gelangen Sie zum ☒ **Rasthaus Hohe Acht**.

Das Ziel ist nahe: Kaiser-Wilhelm-Turm auf der Hohen Acht

*Die **Hohe Acht** ist ein tertiärer Vulkan, dessen Kegel aus Unterdevongesteinen, die Kuppe aber aus Basalt besteht.*

Die letzen Meter wandern Sie dem **Gipfel** auf dem ***Rhein-Rureifel-Weg*** entgegen, **Markierung schwarzer Pfeil (12).** Immer steiler wird der Weg, und die letzten Meter erklimmen Sie über die Wendeltreppe des *Kaiser-Wilhelm-Turms* auf der **Hohen Acht**.

Das Ziel aller Träume: Auf der Hohen Acht

Die letzten Meter bis Adenau

Nachdem Sie auf dem höchsten Punkt weit und breit gestanden haben, lassen Sie die Tour auf den letzten Kilometern geruhsam ausklingen. Nach Adenau brauchen Sie nur noch durch den Staatsforst Adenau gen Tal zu trudeln. Folgen Sie vom Kaiser-Wilhelm-Turm zunächst dem Waldpfad mit der **Markierung 4** bis zum *Parkplatz Hohe Acht* und dann wieder dem **Rhein-Rureifel-Weg** vorbei am *Müllerskreuz* und durch das *Mittelbachtal* bis ***Adenau***. Den letzten Kilometer laufen Sie in westlicher Richtung auf der B257 bis zur Bushaltestelle **Adenau Markt** im Ortskern.

*Kontrastprogramm: Bei **Adenau** befindet sich die Nordschleife des Nürburgrings, außerhalb von Rennveranstaltungen ist sie für Touristen geöffnet.*

Wer nach dieser langen Wanderung nicht mehr in die Heimat zurückkehren will, sollte statt in Adenau in Kreuzberg oder Mayschoß übernachten (↗ Tour 4). Eine Übernachtung im Berghotel an der Hohen Acht bietet sich an, wenn Sie Gefahr laufen, den letzten Bus nach Ahrbrück zu verpassen: 19.38 Uhr.

LIESERTAL & MAARE

HOHES VENN & WARCHE-TAL

RUND UM DEN NATIONALPARK EIFEL

WALDEIFEL & AHRGEBIRGE

AHRGEBIRGE & BROHLTAL

ELZTAL & HOHE ACHT

LIESERTAL & MAARE

GEROLSTEIN & KYLLTAL

SCHNEIFEL & PRÜM

AN PRÜM, SAUER & KYLL

VON LUXEMBURG NACH BITBURG

LIESERPFAD MIT UMWEGEN 6

»Der schönste Wanderpfad in der Eifel«, meinen viele Wanderer. Und Wanderbuchautor Manuel Andrack ist sich sogar sicher: »der schönste der Welt«. Tatsächlich ist der Lieserpfad eine wundervolle 2-Tages-Wanderung durch ein abgelegenes Tal. In vielen Kurven und Biegungen windet sich die Lieser vorbei an Vulkanen, Burgen und Felsen zur Mosel hin.

IM TAL DER TOTEN MÜCKEN

▶ Es war einer dieser Augenblicke, in denen es so unsagbar schwer fällt, eine Entscheidung zu treffen. Sollten wir weiter rennen und uns von den Moskitos auffressen lassen oder stehen bleiben und doch das gleiche Schicksal erleiden? Dann bliebe uns wenigstens die Chance, das Mückenschutzmittel aus dem Rucksack zu fischen.

Am Vorabend dieses schwülen Augusttages waren heftige Gewitter über Manderscheid niedergegangen. Seit 8 Uhr entfaltete die Sonne ihre Kraft, und bereits um 9 Uhr war das schmale Ellbach-Tal eine Waschküche, stickig und schwül. Der Pfad hinauf zum Winsborn-Krater steigt steil an. Kalter Schweiß lief Kim und mir in Strömen den Rücken hinunter. Wir waren das gefundene Frühstück für die Blutsauger.

Alles in diesem ursprünglichen Tal deutet auf ein ganzjährig feuchtes Klima hin, die Farne und Liliengewächse am Bachufer, die Moose an den Bäumen und die unersättlichen Blutsauger. Weiter oben im Tal fielen sie über uns her, Fingernagel große Schnaken und unnachgiebige Mücken. Unerbittlich attackierten sie die Venen unter der dünnen Haut meiner Kniebeugen. Zack, zack, zack: Verzweifelt rannte ich dem Gipfel entgegen und schlug mit der Wanderkarte auf sie ein, bis mein eigenes Blut an meinen Waden herunterlief. Aber umsonst, ich musste eine Entscheidung treffen.

Während ich in meinem Rücksack nach meinem australischen Mückenschutzmittel kramte, schlug

Runde Sache: Rast auf einer Sommerwiese oberhalb der Lieser

Kim ein ums andere Mal mit der Karte auf mich ein. Und noch während ich mich mit dem Mittel einrieb, trug ich wohl an die 10 Bisse davon. Dann war Kim an der Reihe, ich erlegte 6 fette Schnacken auf ihrem Rücken, die hartnäckig versuchten, ihr T-Shirt zu durchstoßen.

Dann plötzlich war das Martyrium vorbei. Die australischen Buschmänner wissen offensichtlich Tinkturen zu mischen, die auch fiesen Eifel-Moskitos zusetzen. Den Windsborn-Krater und den schönen Blick vom Mosenberg-Turm hinüber ins Liesertal genossen wir unbehelligt. Die beiden Türme der Manderscheider Burgen umstreichelte an diesem Morgen ein Spiel aus Sonnenlicht, Wind und Dunst. »Ein wirksames Mückenschutzmittel einzupacken«, lautet die wichtigste Regel für den Lieserpfad. Dann wird es auch was mit der »schönsten Wanderung der Welt«. ◀

Daun, rund um die Kraterseen (EV-K 20); *Wittlicher Land* (EV-K 24).

Tourencharakter

▶ So weit wie Herr Andrack möchte ich zwar nicht gehen, aber mit seinen vielen wilden Passagen, den beiden Abstechern rund um die Dauner Maare und

www.lieserpfad.de.

Die Wanderung in Kürze — 2 Tage, 49 km, 1066 HM

Schwierigkeitsgrad: Eine mittelschwere Tour, die auch mit schwerem Gepäck und mittlerer Kondition gut zu bewältigen ist.

1. Tag: Daun → Manderscheid 22 km

2. Tag: Manderscheid → Wittlich 27 km

Anfahrt: Von Köln mit der Eifelbahn bis Gerolstein, weiter mit dem Bus 500 oder 521 oder der Eifelquerbahn nach Daun. Von Koblenz bzw. Trier mit der Bahn bis Wittlich, weiter mit dem Bus 300 bis Daun.

Rückfahrt: Ab Wittlich ZOB mit Bus oder Taxi bis Wittlich Bhf (4 km außerhalb). Weiter mit der Bahn (IC-Anschluss).

Unterkunft: In Daun, Manderscheid, Wittlich.

Beste Wanderzeit: Anfang Mai – Ende Sep.

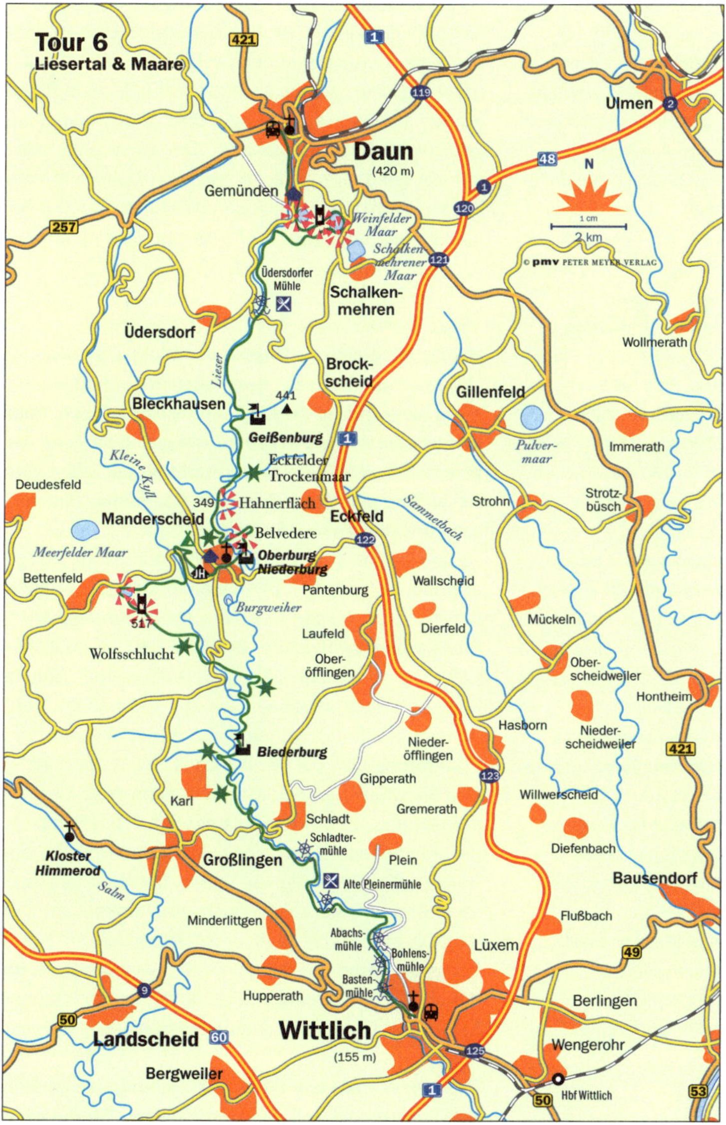

6 LIESERTAL & MAARE

zum Windsborn-Krater, der einzige Bergkratersee nördlich der Alpen, ist der Lieserpfad eine meiner Top-3-Wanderungen in der Eifel. Ein in weiten Teilen ursprünglicher, schmaler Pfad führt über eine Reihe kurzer, aber steiler Anstiege, über Stock und Stein oder durch felsige Passagen. Der Lieserpfad stellt auf der gesamten Strecke zwischen Daun und Wittlich gesteigerte Ansprüche an Ihre Kondition. Die Beschilderung und Wanderinfrastruktur sind ideal.

Tipp: An Wochenenden sind sehr viele Wanderer auf dem Lieserpfad unterwegs. Reservieren Sie unbedingt Ihre Unterkunft.

1. Tag

Daun (385 m) → Dronketurm (561 m) 3 km → Üdersdorfer Mühle (346 m) 10 km → Belvedere (420 m) 19 km → Manderscheid (389 m) 22 km

Wanderzeit: 6 Std.

Schwierigkeit: Mittelschwere Tagestour mit 2 anspruchsvollen Anstiegen zum Dronketurm und Belvedere.

Höhenmeter: 540 m

Höchster Punkt: Dronketurm (561 m)

Startpunkt: Tourist-Information Daun

Einkehr: Üdersdorfer Mühle

GPS Manderscheid/ Maarmuseum:

O 006°48´29´´

N 50°05´33´´

Von Daun nach Manderscheid

Haben Sie gleich zu Beginn der Etappe die Dauner Maare umrundet, liegt das vielleicht spektakulärste Naturschauspiel in der Eifel bereits hinter Ihnen. Aber brechen Sie deshalb die Tour nicht gleich ab, denn der wunderbar angelegte Lieserpfad und der Blick vom Aussichtspunkt Belvedere auf die beiden Manderscheider Burgen sind es wert.

▶ Starten Sie die Etappe an der Tourist-Information in **Daun**, es sei denn, Sie haben im Ortsteil Gemünd übernachtet. Folgen Sie dem ***Karl-Kaufmann-Weg,*** **Markierung schwarzes Dreieck (2),** in südlicher Richtung der Lieser entgegen. Kurz vor der Brücke über den Fluss verlassen Sie ihn und wählen stattdessen einen der Wanderwege durch den *Kurpark*, **Markierungen 5** oder **6.** Am Ende des Kurparks stoßen Sie wieder auf den **Karl-Kaufmann-Weg.** Über eine asphaltierte Straße führt er hinauf zum Parkplatz am *Gemündener Maar*. Von hier haben Sie einen eindrucksvollen Blick auf die steile Ostwand des Kraters. Steigen Sie sie hinauf zum Dronketurm. Der Weg ist steil, führt über einen schmalen Pfad und bringt Sie garantiert ins Schwitzen. Vom **Dronketurm** haben Sie den besten Blick über die drei Dauner Maare Gemünder, Weinfelder und Schalkenmehrener Maar.

Das *Weinfelder Maar* umrunden Sie im Uhrzeigersinn fast vollständig auf dem ***Vulkanweg,*** **Markierung**

schwarzer Pfeil (13). Die Maare hinter sich lassend, verläuft er anschließend über einen wunderbaren schmalen Wiesenpfad nach Westen der Lieser entgegen. Am *Sauerbrunnen* können Sie ihre Wasserflasche auffüllen. Genießen Sie von den Höhen den Fernblick über die Wiesen. Denn den Rest des Tages laufen Sie meist im Talgrund.

Hinter der *Winkelbornbrücke* treffen Sie im Tal auf den ***Lieserpfad*,** **Markierung schwarzes Dreieck (3).**

In 54550 Daun:

Hotel-Restaurant Müller, Lieserstraße 17, 06592/2506, Fax 2524, www.hotel-mueller-daun.de, 22 Betten, DZ ab 29 €.

Eifelmaar-JH, Maria-Hilf-Straße 21, ✆ 06592/2884, Fax 1506, jh-daun@djh-info.de, ÜF ab 17 €. Für Gruppen ab sechs Personen sind individuelle Absprachen erforderlich. Außerhalb von Daun auf dem Dreesberg in Richtung der Dauner Maare gelegen.

Tourist-Information Daun, Leopoldstraße 5, ✆ 06592/95130, Fax 951320, www.tourismus-daun.de, April – Okt Mo – Fr 9 – 13 und 14 – 17, Sa 10 – 13 Uhr.

In 54552 Üdersdorf:

Gasthaus-Pension Üdersdorfer Mühle, Mühle 1, ✆ 06596/217, Fax 9009919, Mi Ruhetag.

In 54531 Manderscheid:

JH Manderscheid, Mosenbergstraße 17, ✆ 06572/557, Fax 4759, manderscheid@diejugendherberge.de, ÜF 17,50 €.

Hotel-Restaurant Haus Schwaben, Lieserstraße 8 – 10, ✆ 06572/4743, Fax 2443, www.hotel-schwaben.com, 25 Betten, DZ ab 60 €.

Restaurant-Pension Kupferpfanne, Wittlicher Straße 25, ✆ 06572/4936, Fax 4276, 8 Betten, DZ ab 44 €.

Natur-Camping Vulkaneifel, Herbstwiese, ✆ 06572/92110, Fax 921149, www.vulkan-camping.de, Stellplatz ab 10,50 €, 1 km nördlich vom Ort gelegen.

Kurverwaltung Manderscheid, Grafenstraße 23, ✆ 06572/932665, Fax 933521, www.manderscheid.de, März – Okt Mo – Fr 9 – 12.30 und 13.30 – 17 Uhr, Sa 9.30 – 12 Uhr.

Maarmuseum, Wittlicher Straße 11, 54531 Manderscheid, ✆ 06572/920-310, Fax 920-215, www.maarmuseum.de. Di – Sa 10 – 12 und 14 – 17 Uhr, So und Fei 13 – 17 Uhr, Erw 2 € Eintritt.

*Im **Eckfelder Trockenmaar** sind im Ölschiefer paläoklimatische Informationen aus dem Eozän gespeichert, die den Forschern Aufschluss über die Welt während eines »Treibhausklimas« geben sollen. www.eckfelder-maar.de.*

Ihm folgen Sie bis kurz vor Manderscheid. Unterwegs lädt die **Üdersdorfer Mühle** in ländlicher Umgebung zur Einkehr ein. Und 5 km weiter lohnt sich der Abstecher zum **Eckfelder Trockenmaar**, wo das Naturhistorische Museum Ausgrabungen durchführt.

Das Terrain ist wellig, die Anstiege nicht länger als 50 m, und der Weg führt abwechselnd durch Bachwiesen und Wälder oder verläuft als schmaler Pfad durch Felsen. Noch einmal richtig zur Sache geht es kurz vor Manderscheid. Rund um die *Rulandhütte* führt ein schmaler Stieg 50 m oberhalb des Flusses den steilen Hang entlang. 200 m hinter der Schutzhütte verlassen Sie den Lieserpfad und folgen der **Markierung 9** über eine Brücke auf das rechte Ufer. Der 2. Abstecher des Tages hinauf zum **Belvedere** steigt sehr steil bergauf. Für diese Plackerei werden Sie mit der besten Aussicht auf die Ober- und Niederburg von Manderscheid und auf den Mosenberg belohnt.

Nach Manderscheid gelangen Sie schließlich über den steilen Bergpfad den Südhang hinab zur Lieser,

Vorgebaut: Die hohe Brücke bei der Ruhlandhütte lässt auf häufiges Hochwasser der Lieser schließen

Zum Etappenende wird's noch einmal holprig: Felspassage unterhalb der Manderscheider Oberburg

Markierung 9. Überqueren Sie die Brücke und steigen den steilen Bergpfad linker Hand zur **Oberburg** hinauf und laufen nach einem kurzen Rundgang durch die Ruine über einen weiteren schmalen Pfad durch die schroffen Felsen rechts der Lieser zur *Niederburg*. Von hier gelangen Sie über die steil ansteigende L16 bergauf ins Zentrum von **Manderscheid**. Zum M **Maarmuseum** folgen Sie einfach der Hauptstraße.

Manderscheid

Manderscheid ist ein idyllisches, mittelalterliches Örtchen und beliebt bei Touristen. Es gibt viele Hotels sowie Restaurants und vor allem zwei sehenswerte Burgen, eine Edelsteinschleiferei und das Maarmuseum.

*Die vieleckige **Oberburg** ließ 973 der Kurfürst von Trier errichten. Die Niederburg aus dem 12. Jahrhundert gehörte den Herren von Manderscheid, die aus ihrer günstigen Lage heraus besser die Transportwege kontrollieren konnten. Das gab Konfliktstoff, aber zerstört wurden die Burgen erst von den Franzosen im 18. Jahrhundert.*

2. Tag

Manderscheid (389 m) → Mosenberg (517 m) 5,5 km → Schladter Brücke (220 m) 16,5 km → Alte Pleiner Mühle (190 m) 21 km → Wittlich (165 m) 27 km

Wanderzeit: 7 Std.

Schwierigkeit: Wegen 4 Kräfte zehrender Anstiege und der langen Tagesdistanz mittelschwere bis anspruchsvolle Etappe.

Höhenmeter: 526 m

Höchster Punkt: Mosenberg (517 m)

Startpunkt: Maarmuseum Manderscheid

Einkehr: Alte Pleiner Mühle

GPS Wittlich:
O 006°53´17´´
N 49°59´07´´

Von Manderscheid nach Wittlich

Der 2. Tag auf dem Lieserpfad beginnt wie der Vortag mit einem langen Anstieg hinauf zum Windsborn-Krater, einem geologischen Schmankerl in der Eifel. Die restliche Wegstrecke verläuft durch das herrliche Liesertal. Die Etappe ist deutlich länger als am Vortag und 3 weitere kräftige Steigungen liegen zwischen Ihnen und dem Moseltal.

▶ Ausgangspunkt der Etappe ist das Maarmuseum **Manderscheid**. Folgen Sie ein kurzes Stück der L16. An der Jugendherberge biegen Sie rechts auf den Weg mit der **Markierung 20.** Nach 1,5 km gelangen Sie nochmals zur L16. Der Weg führt auf ihr ca. 300 m talabwärts und biegt dann rechts über die kleine Kyll in ein Feuchtgebiet. Wenige Meter weiter steigen Sie das *Ellbach-Tal* hinauf, **Markierung 36.** Sie befinden sich nun im *Tal der toten Mücken*.

Am Parkplatz **Mosenberg** lassen Sie diese kleine Eifelhölle hinter sich. Schlagen Sie statt des Asphaltweges einen der unmarkierten Pfade zum ***Kratersee*** hinauf ein. Höchster Punkt ist der Lavafels mit Gipfelkreuz (498 m).

Am Windsborn-Krater – mückenfrei

Was ist eigentlich der Unterschied zwischen einem Maar- und einem Kratersee? Beide sind vulkanischen Ursprungs. Vereinfacht gesagt, entsteht ein Maar durch eine Wasserdampfexplosion und der Trichter in der Erdkruste läuft mit Wasser voll. Ein kegelförmiger Krater entsteht dagegen durch Übereinanderschichten von Lavaströmen. Im Fall des **Windsborn-Kraters** *füllte sich der Trichter mit Wasser. In der Eifel gibt es 626 Vulkane und 74 Maare.*

Ab dem Gipfelkreuz folgen Sie dem ***Vulkanweg,*** **Markierung schwarzes V (13),** bis zur Wolfsschlucht. Er führt zum *Aussichtsturm Mosenberg*. Achtung: An der großen Wegkreuzung zwischen Kratersee und Mosenberg ist der Einstieg in den kleinen Pfad hinauf zum Turm schwer zu finden.

Anschließend verläuft der Vulkanweg als schmaler Pfad steil bergab durch Laubwälder und geht in einen wunderbaren Wiesenweg über. Lassen Sie sich durch den Horngraben bergab treiben. Kurz bevor der Weg auf die kleine Kyll trifft, verlangt er Ihnen in der *Wolfsschlucht* noch eine gesicherte Felskletterei ab. Parallel zum Bach wandern Sie auf dem ***Karl-Kaufmann-Weg,*** **Markierung schwarzes Dreieck (2),** talabwärts bis zur L46.

Um nach diesem schönen, aber anspruchsvollen Abstecher wieder auf den Lieserpfad zu gelangen, wandern Sie die L46 ca. 100 m bergauf und biegen in der 2. Kehre rechts in einen Waldweg, **Markierung 16.** Er mündet gut 1,3 km weiter in den **Lieserpfad**.

Bis nach Wittlich folgen Sie nun nur noch der vom Vortag bekannten **Markierung schwarzes Dreieck (3).** Die abschließenden 17,5 km sind die schönsten auf dem gesamten Lieserpfad. Herrliche Waldwege und enge Pfade über anspruchsvolleres Terrain wechseln sich ab. Der Lieserpfad stellt noch dreimal Ansprüche an Ihre Kondition: 3 knackige Anstiege führen auf engem Pfad über felsigen Untergrund. Aber insgesamt laufen Sie bergab, der Mosel entgegen.

Alte Pleiner Mühle, 54518 Plein, ✆ 06571/8303, www.alte-pleiner-muehle.gmxhome.de, wolfgang-roth@alte-pleiner-muehle.de. Di – Sa ab 14, So ab 11.30 Uhr, im Juli und Aug auch abends geöffnet. Beliebtes Ausflugslokal.

An der **Schladter Brücke** liegen alle Schwierigkeiten der Etappe hinter ihnen und kurz vor Wittlich, in der **Alten Pleiner Mühle,** können Sie es sich gut gehen lassen. Sie ist das schönste Gasthaus, das ich in der Eifel gefunden habe. Ordentlich gestärkt sind die restlichen 6 km bis Wittlich ein Kinderspiel. Langsam öffnet sich das Tal und gibt den Blick frei auf die Weinberge der Mosel. An einem wolkenlosen Sommernachmittag ist dies ein wirklich erhebendes Gefühl.

Wittlich

Tipp: Der Bhf Wittlich liegt 4 km südlich vom Zentrum. Er ist gut mit Bus oder Taxi zu erreichen.
Taxi Jungen: ✆ 06571/91010.

Wenn Sie noch einen Tag Zeit mitbringen, können Sie die Tour wunderbar in Wittlich bei einem wohlverdienten Schoppen Moselwein ausklingen lassen. Der Stadtkern ist nett. Wittlich besitzt zahlreiche Hotels und Restaurants. Treibt es Sie allerdings nach Hause, genießen Sie dennoch einen Schoppen, denn Wittlich verfügt über eine IC-Anbindung. Die letzten Züge fahren erst gegen 22 Uhr nach Koblenz bzw. 23 Uhr nach Trier.

Spät geworden: Über Wittlich und dem Moseltal geht schon die Sonne unter

GEROLSTEIN & KYLLTAL

Bereits um Ostern wehen milde Winde das Tal der Kyll von Süden herauf. Und während weiter östlich der Winter die Schneifel noch im Griff hat, bieten sich die leichten 52 km durch das mittlere Kylltal für die erste Wanderung im Jahr an. Die Tour führt praktisch parallel zur Eifelbahn.

DURCH DAS TAL DER WILDEN KYLL 7

KUNIBERT UND SIEGLINDE

»Kunibert, sag einmal: Warum gibt es so viele Sumpfgebiete in der Eifel?« Eine aufdringliche Frauenstimme zerreißt die morgendliche Ruhe im Großraumabteil des 6-Uhr-11-Zugs nach Gerolstein. Das Tremolo dieser Stimme läuft bei jeder Silbe Gefahr, sich zu überschlagen. Unsanft aus meinem Morgenschlummer gerissen, schaue ich meine Frau an. Kim grinst und rollt die Augen.

»Sieglinde, das Wetter kommt von der Nordsee und regnet sich an den Westhängen der Eifel ab«, antwortet Kunibert geduldig. »Ach ja, Kunibert. Hab ich es mir doch gedacht«, schnattert Sieglinde altklug.

Die Zugfahrt an einem Wochenendmorgen in die Eifel verläuft eigentlich immer geruhsam. Denn für gewöhnlich schlafen die wenigen Pendler und die vielen wandernden Rentner sind in Gespräche oder ihr Frühstück vertieft. Ein kleines Nickerchen, eine Tasse warmer Tee und ein belegtes Brötchen: Das macht die Anreise mit der Bahn um diese Uhrzeit so angenehm.

Auch an diesem schönen Aprilsamstag hatten Kim und ich uns früh aus den Betten geschält und den ersten Eifelexpress nach Gerolstein genommen. Und nun erlebten wir die Kunibert-und-Sieglinde-Show.

Kunibert lief eineinhalb Stunden lang unruhig im Abteil umher. Von Sieglinde hörten wir nur die eindringliche Stimme: »Kunibert, ist es nicht schön in der Natur?« »Ja, ja, Sieglinde.« »Kunibert, ich bin so froh, dass du mich mitgenommen hast.« »Gerne, Sieglinde.« »Kunibert, sag einmal, unterscheidet

Rinnsale, Bäche, wilde Flüsse: Tour 7 bietet einen flüssigen Querschnitt

sich das Fachwerk in diesem Ort von dem in Blankenheim?« »Ja, sie sind älter. Du erkennst es an den schiefen Balken.«

Bis Schmidtheim war Sieglinde für mich nur eine gesichtslose Stimme geblieben. Nun werde ich neugierig und tue so, als ginge ich auf Toilette. Sieglinde ist der Typ Großstadtdame: Mitte 60, blütenweiße Wanderhose, knallroter Lippenstift, schwarzer Haarreif und hoch toupiertes Haar – viel zu blond für ihr Alter. Die Wanderschuhe an ihren Füßen wirken wie Fremdkörper. Kunibert ist ein Naturfreak alten Schlages: Wanderhalbschuhe, Knickerbocker, Sonnenhut und eine mächtige Hornbrille auf der Nase.

Sieglinde fährt Kunibert zu Liebe mit in die Eifel. Kunibert, obwohl von Sieglindes Fragen gelöchert, ist froh eine Begleitung zu haben. Und als die beiden in Jünkerath aussteigen, sind wir auf Grund ihrer kleinen skurrilen Darbietung bester Laune und haben von Kunibert mehr über die Eifel als aus jedem Reiseführer gelernt. ◀

Trier und Trierer Land (EV-K 29); *Kyllburger Waldeifel* (EV-K 25).

Die Wanderung in Kürze **2 Tage, 52 km, 1295 HM**

Schwierigkeitsgrad: Leichte bis mittelschwere 2-Tages-Wanderung. Ideale Tour für die 1. Wanderung im Frühjahr.

1. Tag: Gerolstein → St. Thomas 26 km

2. Tag: St. Thomas → Kyllburg 26 km

Höchster Punkt: Davitskreuz (531 m)

Anfahrt: Mit der Eifelbahn von Köln bzw. Trier nach Gerolstein.

Rückfahrt: Mit der Eifelbahn ab Kyllburg nach Trier bzw. über Gerolstein nach Köln.

Weitere Bahnhöfe an der Wanderstrecke: Tag 1: Birresborn, Mürlenbach, Densborn; Tag 2: Kyllburg, Bitburg-Erdorf.

Unterkunft: In St. Thomas, Kyllburg.

Beste Jahreszeit: März – Ende Okt.

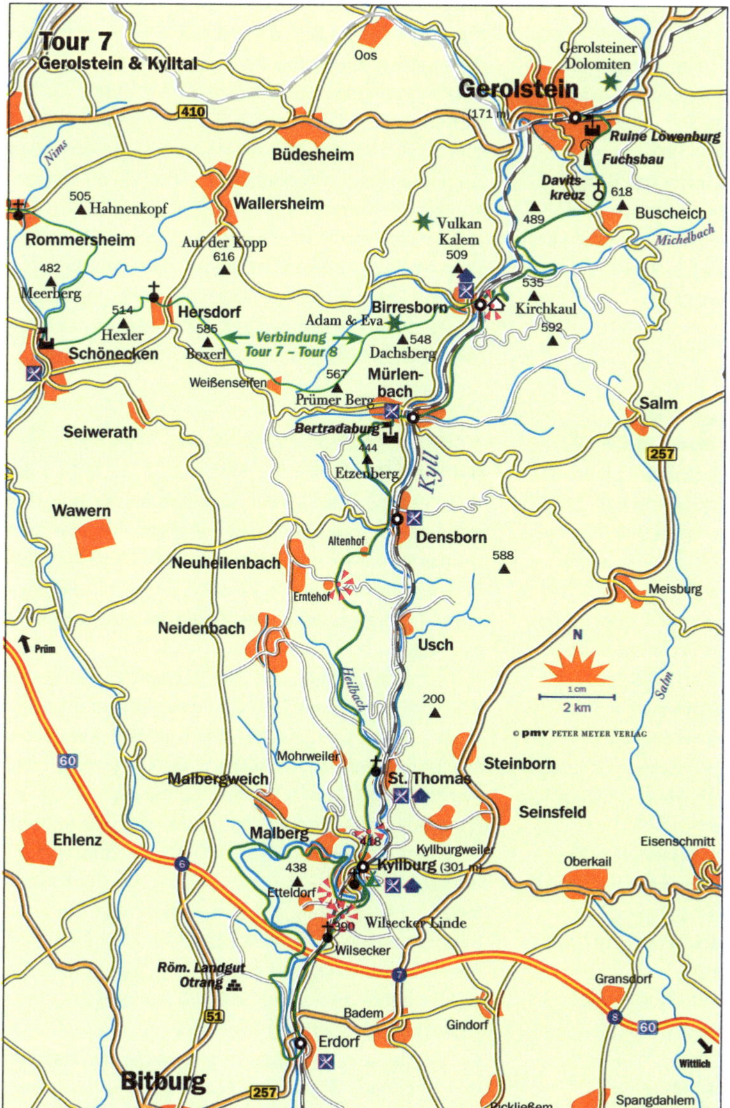
Tour 7
Gerolstein & Kylltal
Oos
Gerolsteiner Dolomiten
Gerolstein
(171 m)
410
Ruine Löwenburg
Fuchsbau
Nims
Büdesheim
Davitskreuz
618
Buscheich
489
Michelbach
505
Hahnenkopf
Wallersheim
Rommersheim
Auf der Kopp
616
Vulkan Kalem
509
482
Meerberg
535
Kirchkaul
Hersdorf
514
Hexler
Birresborn
Adam & Eva
585
Verbindung Tour 7 – Tour 8
548
Dachsberg
592
Schönecken
Boxerl
Weißenseifen
567
Prümer Berg
Mürlenbach
Salm
Bertradaburg
Seiwerath
444
Etzenberg
257
Kyll
Wawern
Densborn
Altenhof
588
Neuheilenbach
Erntehof
Meisburg
Neidenbach
Prüm
N
Usch
Heilbach
1 cm
2 km
200
Salm
© pmv PETER MEYER VERLAG
60
Mohrweiler
Steinborn
Malbergweich
St. Thomas
Seinsfeld
Ehlenz
Malberg
418
Kyllburgweiler
Eisenschmitt
6
Kyllburg (301 m)
Oberkail
438
Etteldorf
Wilsecker Linde
390
Wilsecker
Röm. Landgut Otrang
7
Gransdorf
51
Badem
Gindorf
8
60
Erdorf
Wittlich
Bitburg
257
Pickließem
Spangdahlem

Tipp: Kombinierte 7-Tages-Tour: Verbinden Sie Tour 7 mit den Touren 9 und 10.
Kombinierte 6-Tages-Tour: Verbinden Sie die Touren 7 und 8 (↗ Rucksack packen & Schuhe schnüren).

Tourencharakter

▶ Lassen Sie es auf dem leichten Streckenprofil ruhig angehen. Diese Tour ist nicht nur ideal für die erste Wanderung im Frühjahr, sie ist auch ideal für Genießer. Denn die Strecke führt Sie abwechselnd durch Auenlandschaften im Tal und wieder hinauf auf die angrenzenden Höhenzüge, von wo Sie eine beeindruckende Fernsicht haben. Die 2. Etappe führt Sie auf einem Rundkurs um das romantische Eifelörtchen Kyllburg herum. Aufgrund der idealen Infrastruktur können Sie Ihre Tour aber auch ganz individuell gestalten und einkehren, übernachten oder wieder in die Eifelbahn steigen, wo immer Sie mögen.

1. Tag

Gerolstein (360 m) → Davitskreuz (531 m) 3 km → Birresborn (330 m) 9,5 km → Mürlenbach (320 m) 14 km → Neidenbacher Wald (527 m) 21 km → St. Thomas (306 m) 26 km
Wanderzeit: 6 ½ Std.
Schwierigkeit: Leicht bis mittelschwer. Unterschätzen Sie die Streckenlänge nicht.
Höhenmeter: 622 m
Höchster Punkt: Davitskreuz (531 m)
Startpunkt: Bhf Gerolstein
Einkehr: In Birresborn, Mürlenbach, Densborn
GPS St. Thomas/Kloster:
O 006°36´00´´
N 50°04´08´´

Von Gerolstein nach St. Thomas

Mal führt Sie die heutige Wanderung auf Höhen der Vulkaneifel, dann wieder hinunter ins Kylltal. Mal wandern Sie durch weitläufige Waldgebiete und dann wieder an einem der zahlreichen Zuflüsse der Kyll entlang. Die eine oder andere Burg säumt Ihren Weg, und St. Thomas wird von einem barocken Kloster geprägt.

▶ 171 Höhenmeter und der höchste Punkt liegen gleich zu Beginn der Tour vor Ihnen. Um zum Davitskreuz zu gelangen, folgen Sie vom **Bhf Gerolstein** aus dem ***Josef-Schramm-Weg***, **Markierung schwarzes Dreieck (4),** in südlicher Richtung durch die Innenstadt steil bergauf zur Ruine der *Löwenburg*. Schauen Sie kurz zurück: Jenseits der Sprudelstadt breiten sich die Gerolsteiner Dolomiten samt **Kasselburg** in ihrer ganzen Pracht vor Ihnen aus. Die spätmittelalterliche Burg beeindruckt durch ihren 37 m hohen Torturm und den quadratischen Bergfried. Sie gehört heute zum Adler- und Wolfspark Kasselburg (www.adler-wolfspark.de).

Am Sendemast Fuchsbau verlassen Sie den Asphaltweg und wandern auf der **Markierung 4** bzw. **6** bis zum **Davitskreuz** und wieder hinab in Richtung Kylltal in das lauschige *Büttenbachtal*. Achtung: Auf der großen Lichtung am Davidskreuz ist die Markierung schwer zu finden. Nach ca. 1 km führt ein unmarkierter Weg parallel zum Bach. Sein Rauschen fängt sich hier im dichten Tannenwald und beruhigt die Wanderseele.

Im *Kylltal* angelangt, folgen Sie der **Markierung schwarzes Dreieck (4)** nach links und überqueren ca. 1 km weiter den *Michelbach* auf einer kleinen Holzbrücke. Auf der gegenüberliegenden Seite führt ein unmarkierter Weg hinauf zum *Herkelberg*. Ihr nächstes Ziel, die *Schutzhütte Birresborn,* erreichen Sie über die **Markierungen 5** und **7.** Den Blick von dort aus über Birresborn und die Kyll sollten Sie für eine Rast nutzen.

Hinunter nach **Birresborn** – ☒ – gelangen Sie ein kurzes Stück den gekommen Weg zurück über die **Markierung 6.** Ab dem Bhf Birresborn folgen Sie bis Mür-

☒ **Hotel Restaurant zur Krone,** Mürlenbacher Straße 1, 54574 Birresborn, ✆ 06594/214, Fax 1635, hotel-zur-krone@t-online.de, 20 Betten, DZ ab 58 €, Di Ruhetag.

☒ **Eifeler Hof,** Schönecker Straße 1, 54570 Mürlenbach, ✆ 06594/226, Fax 321.

☒ **Gasthaus Zur Ecke,** Hauptstraße 3a, 54570 Densborn, ✆ 06594/384, Mi Ruhetag.

In 54655 St. Thomas:

🏠 **Gasthof Pension Erasmy,** Hauptstraße 21, ✆ 06563/2723, Fax 930823, 6 DZ ab 48 €.

In 54655 Kyllburg:

🏠 **Hotel-Pension Villa Rütt,** Auf dem Stift 1, ✆ 06563/2245, Fax 930159, www.villa-ruett.de, 8 Betten, ÜF ab 31 €.

⛺ **Naturcamping Kyllburg,** Karl-Kaufmann-Weg 5, ✆ & Fax 06563/8133, www.camping-kyllburg.de, ÜpP ca. 7 €.

ℹ **Tourist-Information Kyllburger Waldeifel,** Hochstraße 19, ✆ 06563/930243, Fax 1238, www.ti-kyllburg.de, info@kyllburg.de. Mo – Fr 8 – 17.30 Uhr, Mai – Okt Sa, So 10 – 13 Uhr.

Ihre Bedeutung fällt ins Auge: Die wuchtige Bertradaburg

Die ***Bertradaburg*** *wurde nach Bertrada der Älteren benannt. Die Gründerin des Klosters Prüm (↗ Tour 8) und Urgroßmutter Karls des Großen soll hier gewohnt haben. Die Burg selbst stammt aber nicht aus karolingischer Zeit. Demnach trifft auch die Sage nicht zu, dass Karl d.Gr. hier geboren wurde.*

lenbach der **Markierung 9.** Der anfängliche Asphalt geht bald schon in Schotter über, verläuft dann viele Meter als Gras bewachsener Waldweg, um schließlich als enger Pfad über einige Kehren nach **Mürlenbach** hinabzufallen. Dort wird Ihnen als erstes die Bertradaburg ins Auge fallen. Auf einer Anhöhe gelegen, dominiert sie den Ort.

Der nächste Streckenabschnitt führt über den *Etzenberg* und *Kyllheld* nach Densborn. Folgen Sie der **Markierung 3b** vorbei am ☒ **Gasthaus Eifeler Hof,** der **Bertradaburg** und einem riesigen Anwesen, dessen Besitzer offensichtlich ein gesteigertes Sicherheitsbedürfnis hat. Direkt am Waldrand führt die

Markierung 3a steil den Berg hinauf und geht nach ca. 1 km in den ***Geo-Rundweg***, **Markierung G,** über, auf dem Sie bis *Densborn* – ☒ – wandern.
Im Tal angekommen, lassen Sie den Ort links liegen und wandern auf der L33 entlang bis zum *Parkplatz Dörrbach*, **Markierung 10.** Von dort steigen Sie noch einmal über viele Kehren steil bergauf zum *Altenhof*. Der schmale Pfad folgt der Stromleitung. Vom Altenhof wandern Sie weiter auf unmarkierten Wegen über eine Hochfläche zum *Erntehof*. Genießen Sie den Fernblick. In dieser waldreichen Gegend haben Sie nicht oft Gelegenheit dazu.
Ab Erntehof geht es die letzten 7 km durch den **Neidenbacher Wald** bis nach St. Thomas. Folgen Sie durch das weitläufige Waldgebiet den **Markierungen E3** und **E2** bis zum Höhenpunkt 527,9 m und dann der **Markierung N1** hinab bis zum *Heilbach* – eine kleine Forellenzucht liegt rechts der Einmündung. Das idyllische Wildbachtal führt Sie direkt nach St. Thomas hinein. Dabei können Sie den als **Naturerlebnispfad** angelegten Weg nutzen, um an den zahlreichen Lernstationen so manches über die Natur und Geologie der Vulkaneifel zu erfahren.

St. Thomas

Die letzten Meter wandern Sie durch den idyllischen **Kloster**garten hinein in das beschauliche Kloster-

*Das **Kloster St. Thomas** wurde um 1185 als adlige Frauenabtei gegründet. Es ist das älteste Zisterzienserinnenkloster Deutschlands. 1744 nach einem Brand barock wiederaufgebaut, wurde es 1802 aufgelöst. Heute dient es dem Bistum Trier als Priesterseminar. Der barocke, als Landschaftspark angelegte Garten liegt hinter der Anlage versteckt im Heilenbachtal.*

Heute ein Priesterseminar: Kloster St. Thomas

dörfchen. Camper oder diejenigen, die etwas mehr Trubel wünschen, müssen noch ins 3,5 km entfernte Kyllburg laufen.

2. Tag

St. Thomas (306 m) → Hasenknopp (420 m) 2 km → Kyllburg (347 m) 4 km → Wilsecker Linde (390 m) 5,5 km → Bitburg-Erdorf (233 m) 9,5 km → Kyllburg (347 m) 26 km

Wanderzeit: 6 Std.

Schwierigkeit: Leichte Wanderung

Höhenmeter: 673 m

Höchster Punkt: Hasenknopp (420 m)

Startpunkt: Kloster St. Thomas

Einkehr: In Bitburg-Erdorf

GPS Kyllburg:
O 006°35´24´´
N 50°02´28´´

⊠ **in 54634 Bitburg-Erdorf: Gasthaus Turmann,** Mainzer Straße 21, 06561/3950, Fax 18003, Mo Ruhetag, So nur vormittags geöffnet.

Rund um Kyllburg

Wie am Vortag liegen die beiden Schwierigkeiten im ersten Drittel dieser ansonsten leichten Etappe: Ein Anstieg auf dem Weg nach Kyllburg, ein weiterer hinauf zur Wilsecker Linde. Danach dürfen Sie auf den 19 km zwischen Erdorf und Kyllburg die einsamen Wege und idyllischen Auen entlang der großen Kyllschleife genießen.

▶ Vom **Kloster St. Thomas** aus folgen Sie zunächst flussabwärts dem ***Josef-Schramm-Weg,*** **Markierung schwarzes Dreieck (4),** über ein freies Feld. Wenige Meter nachdem Sie in den Wald eingetreten sind, führt ein unbeschilderter Grasweg bergauf zum **Steinbruch Hasenknopp**. Verpassen Sie diesen Weg auf keinen Fall, denn auf halbem Weg liegt eine idyllische Lichtung mit zwei alten Steinkreuzen.

Nach **Kyllburg** gelangen Sie auf der **Markierung B4.** Von der Tourist-Information im historischen Ortskern steigen Sie weiter bergab bis zum ⛺ *Campingplatz.* Dann steigen Sie rechter Hand der Campingplatzkneipe den schmalen Pfad wieder bergan bis zur Hauptstraße und folgen der **Markierung schwarzes Dreieck (4)** nach Süden hinauf zur **Wilsecker Linde**. Von dem kleinen Rastplatz haben Sie den besten Blick auf das historische Kyllburg und in Richtung Bitburg. Durch Wilsecker hindurch gelangen Sie wieder ins Kylltal. Etwa 100 m vor der *Autobahnbrücke* – die von unten gesehen ein imposantes Bauwerk darstellt – folgen Sie rechter Hand der **Markierung 3** direkt am Fluss entlang. Der Weg führt über schöne Wiesen und Stock und Stein nach **Erdorf,** dort ⊠ .

Ihre Wanderung führt Sie anschließend auf das westliche Kyllufer und dort wieder nach Norden. Die einfachste Variante folgt zunächst der **Markierung 3** die

K74 entlang in Richtung Fließem. Nach 300 m biegt die Markierung auf einen schönen Grasweg nach rechts in Richtung Dahlsgraben ab.

Ab dem *Dahlsgraben* wandern Sie auf 7 km Länge praktisch parallel zur **Kyll**. Sie werden kaum Wanderer treffen, denn die große Kyllschleife liegt abseits der Hauptwanderwege. Mal wandern Sie auf Forstwegen oberhalb des Flusses durch Tannenwälder, dann wieder über Wiesen am Ufer entlang. Teilweise sind die Wege unmarkiert. Sie unterqueren ein zweites Mal die Autobahnbrücke und folgen schließlich wieder der **Markierung 3** bzw. dem **Rundwanderweg Malberg-Kyllburg.** Vorbei an zwei imposanten, 100 Jahre alten Tannen und oberhalb eines Campingplatzes für Forellenfischer gelangen Sie ins *Kreuzbachtal*. Hier endet die Markierung vorübergehend. Ihr Weg verläuft etwas oberhalb am Hang entlang. Wenig später stoßen Sie auf die **Markierung B6**. Fast am nördlichen Scheitelpunkt überqueren Sie die Kyll ein vorletztes Mal über eine mächtige Holzbrücke, die mich in ihrer geschwungenen Form stark an eine besonders schöne Brücke im toskanischen Garfagnana-Tal erinnerte, den *Ponte del Diavolo.* Auf dem Südufer wandern Sie nun über saftige Pferdekoppeln, **Markierung B5,** und schon bald kommt *Malberg* in Ihren Blick. Den romantischen Ort dominiert eine mächtige Schlossanlage.

Bis zum Etappenziel ist es nicht mehr weit, nur noch 4 km entlang einer weiteren, aber kleineren Flussschleife zurück zum Camping-

*Die **Kyll** (sprich: Kill) ist mit 142 km der längste Fluss in der Eifel. Sie speist sich aus drei Quellbädern an der deutsch-belgischen Grenze und mündet bei Chrang in die Mosel.*

Eifel-Version der »Teufelsbrücke«: Geschwungene Holzbrücke über die Kyll

An der Wilsecker Linde bietet sich der schönste Blick auf den Stiftsberg

platz. Der *Josef-Schramm-Weg,* **Markierung schwarzes Dreieck (4),** führt zunächst steil bergauf und geht in einen schmalen Pfad über. Das letzte Stück führt entlang der **Beschilderung Ringweg Campingplatz.** Achten Sie auf den Schienenverlauf der Eisenbahn. An dieser Stelle wurde die Trasse spektakulär durch den Stiftsberg getrieben. Den Rückweg vom *Campingplatz* hinauf in den historischen Ortskern kennen Sie vom Vormittag.

*Ungewöhnlich an dem **Barockschloss** aus dem frühen 18. Jahrhundert ist sein venezianischer Baustil, sehenswert seine Schlosskapelle. In ihr sind 10 allegorische Rokokofiguren von Adam F. Tietz ausgestellt.*

Kyllburg

Eine abschließende Übernachtung im romantischen Kyllburg lohnt sich. Der Ort und das benachbarte Malberg liegen landschaftlich reizvoll. Für einen Tag gibt es hier genug zu erkunden: die imposante Kyllburger Stiftskirche mit ihrem sehenswerten Kreuzgang oder **Schloss Malberg**. Zum Sonnenuntergang den zahlreichen Fliegenfischern am idyllisch gelegenen Campingplatz bei ihrem Treiben zuzuschauen, hat etwas Meditatives.

SCHNEIFEL & PRÜM

8 SCHWARZER MANN UND SCHNEIFEL WÄLDER

Tiefe eingekerbte Täler, unendliche Wälder, spitze Vulkankegel, ein weit gezogener Höhenzug und fantastische Fernblicke: Landschaftlich bietet diese Tour unglaublich viel. Sie ist einsam, erfordert nicht so sehr sportlichen Ehrgeiz und ist im Sommer wie Winter etwas für Naturliebhaber, die fernab der Hauptwege wandern möchten.

EIFELBIESTER

▶ Nicht selten begegnen Wanderern gefährliche Kreaturen: Junge angriffslustige Stiere, Wildsäue, mit gewaltigen Hauern bewehrt, oder störrische Esel und Kettenhunde auf Bauernhöfen. Als Wanderer kann man sich nie sicher fühlen. Aber die schlimmste Kreatur von allen kreuzte unseren Weg im Wachholderschutzgebiet am Warmendell nordwestlich von Prüm.

An einem herrlichen Spätsommertag waren Kim, Marcus und ich auf dem Weg von Bleialf nach Prüm. Wir hatten bei Sellerich die fantastische Aussicht auf die Schneifel genossen und liefen nun nichts ahnend auf dem kleinen Höhenzug zwischen Mönbach- und Mehlenbachtal dem Wachholderschutzgebiet entgegen. Der Grasweg mit der Nummer 17 war weich und lag idyllisch zwischen einer Kuhwiese und einem Tannenwäldchen. Die Landschaft und ein tiefblauer Himmel bildeten die Traumkulisse für einen perfekten Wandertag.

»*Achtung! Freilaufende Deckböcke*«. Das Schild am Gatter zum Schutzgebiet ließ uns wie angewurzelt stehen bleiben. »Was, in Herrgottsnamen, sind Deckböcke? Und warum sind sie so gefährlich?«, fragten wir uns. »Sind darin etwa supernotgeile Ziegenböcke eingepfercht, die jeden anspringen, der bei 3 nicht auf dem Baum ist?« Wir ließen unserer Fantasie freien Lauf, fanden aber keine Antwort. Und so hielten wir erst einmal Brotzeit in der kleinen Schutzhütte neben dem Gatter mit dem warnenden Schild.

Eifelvieh: Eher neugierig und bestimmt harmlos

Zwischen den Biss in Langjäger und Müsliriegel scannten wir die 4 Hektar große Wiese und schauten bei jedem Rascheln gebannt auf, ob sich nicht doch eines der behörnten Biester zwischen den Wacholderbüschen zeigen würde.

Nun gehöre ich zu der Sorte »besonders schreckhafter Wanderer«. Beim geringsten Knacken am Wegesrand zucke ich zusammen, um Sekunden später zu

Prümer Land (EV-K 17); *Vulkaneifel und Gerolstein* (EV-K 19).

erkennen, dass aus dem Gestrüpp ein noch ängstlicheres Wesen Reißaus nimmt. Und an diesem Septembertag waren wir alle besonders sensibilisiert für die Gefahren, die von der Tierwelt ausgehen. Denn am Vortag hatte uns bei Halenfeld der Wachhund eines Bauernhofes den Berg hinauf gehetzt. Wir wollten nicht unbedingt auch noch von einem Deckbock den Berg hinab getrieben werden.
Als erste fasste sich Kim ein Herz. Schwager Marcus und ich trotteten notgedrungen hinterher. Kein Deckbock zeigte sich an diesem Tag. Frei laufende Deckböcke: Nur ein überspannter Scherz von Eifelbauern? ◀

Tourencharakter

▶ In den warmen Jahreszeiten ist die Tour selbst mit schwerem Gepäck angenehm zu laufen und somit ideal für Genießer. Die Steigungen sind moderat und lang gezogen. Auf Ihrem Weg von Jünkerath nach Neuendorf laufen Sie zunächst durch vulkanisches Gebiet. Der Vulkanpark in Steffeln und die rostroten Quellen bei Duppach zeugen davon. Riesige Tannen-

Verkehrsverein Oberes Kylltal, Burgberg 22, 54589 Stadtkyll, ✆ 06597/2878, Fax 4871, www.obereskylltal.info, Mo – Fr 9 – 12.30, 14 – 16.30, Sa 9 – 12 Uhr.

Bei Anreise am Vortag gibt es nur in Stadtkyll Übernachtungsmöglichkeiten, 3 km nördlich von Jünkerath.

Die Wanderung in Kürze — 3 Tage, 67 km, 1569 HM

Schwierigkeitsgrad: Eine mittelschwere Langstreckentour. Als Winterwanderung anspruchsvoll.
1. Tag: Jünkerath → Neuendorf, 21 km
2. Tag: Neuendorf → Bleialf, 25 km
3. Tag: Bleialf → Prüm, 21 km
Höchster Punkt: Schwarzer Mann (697 m)
Anfahrt: Mit der Eifelbahn von Köln bzw. Trier nach Jünkerath.
Rückfahrt: Ab Prüm mit Bus 411 nach Gerolstein. Weiter mit der Eifelbahn nach Köln oder Trier.
Unterkunft: In Neuendorf, Knaufspesch, Bleialf, Prüm.
Busverbindungen entlang der Strecke: 2. Tag: Bleialf.
Beste Jahreszeit: ganzjährig, vor allem im Spätsommer oder Winter.

✸ **Tipp: Kombinierte 6-Tages-Tour:** Verbinden Sie die Touren 8 und 7 (↗ Rucksack packen & Schuhe schnüren).

waldgebiete erwarten Sie rund um den Schwarzen Mann. An seiner Südflanke zwischen Bleialf und Prüm wandern Sie durch tief eingeschnittene Täler. Obschon so manches interessante Kulturgut am Wegesrand liegt – z.B. die Karolinger-Abtei Prüm –, besticht die Tour vor allem wegen ihrer äußerst abwechslungsreichen Geologie und Natur.

Im Winter durch die Schneifel

Ihr Name ist Programm: Schneifel ist die Kurzform für Schnee-Eifel. Von Dezember bis Februar gibt es längere Perioden, in denen hier viel Schnee liegt. Beste Bedingungen also für eine Winterwanderung. Wie jede Winterwanderung ist diese Tour in der kalten Jahreszeit anspruchsvoll, vor allem wenn Sie viel Gepäck mitführen. Daher sollten Sie eventuell 3 Übernachtungen einlegen: in Steffeln, Knaufspesch und Bleialf.

1. Tag

Jünkerath (420 m) → Steffeln (485 m) 11 km → Duppacher Quelle (470 m) 13 km → Langer Stein (639 m) 16,5 km → Neuendorf (450 m) 21 km

Wanderzeit: 5 Std.

Schwierigkeit: Leichte Wanderung mit mittellanger Distanz.

Höhenmeter: 680 m

Höchster Punkt: Langer Stein (639 m)

Startpunkt: Bhf Jünkerath

Einkehr: In Steffeln

GPS Neuendorf/Kirche:
O 006°27´30´´
N 50°16´52´´

Von Jünkerath nach Neuendorf

Heute durchlaufen Sie die Vulkanlandschaft zwischen Kylltal und Schneifel. Wann immer Sie um Steffeln herum aus den weitläufigen Waldgebieten auf die freie Fläche hinaustreten, erkennen Sie deutlich, dass einst der Vulkanismus die Landschaft gestaltete. Die Etappe stellt kaum Anforderungen an ihre Kondition, aber sehr wohl an Ihr Orientierungsvermögen, denn die Wege sind vielfach unmarkiert.

▶ Oberhalb vom **Bhf Jünkerath** folgen Sie der B421 nach Norden bis Sie auf den ***Josef-Schramm-Weg*** treffen, **Markierung schwarzes Dreieck (4),** den Sie in östlicher Richtung das kleine Bachtal hinaufwandern. An der Kreuzung von Josef-Schramm- und Rhein-Kyll-Weg folgen Sie der **Markierung 2** ca. 100 m geradeaus, dann einem nicht markierten Waldweg nach rechts bis unterhalb des *Feriendorfs Wirftal*. Hier überqueren Sie linker Hand eine kleine Holzbrücke, **Markierung 2,** und wandern einen schö-

✉ **Landgasthof Steffelberg,** Hochstraße 7, 54597 Steffeln, ✆ 06593/8506, Fax 989897, www.steffelberg.de, Di Ruhetag, auch Hotel, DZ ab 54 €.

In 54597 Neuendorf-Knaufspesch:

🏠 **Pension Hinterscheid,** Waldweg, ✆ 06552/7115, 4 DZ ab 44 €.

🏠 **Landgasthof Haus Klara,** Prümer Straße 2, ✆ 06552/980000, www.haus-klara-schneifel.de, 2 DZ ab 69 €.

⛺ **Camping Neuendorf,** Dorfstraße 14, ✆ 06552/7819, Übernachtung mit Zelt jederzeit möglich.

nen Grasweg bergauf, überqueren die K67 und folgen anschließend dem Waldweg mit der **Markierung 5** wieder bergab. Sie treffen ein zweites Mal auf die K67. Um ihr nicht folgen zu müssen, suchen Sie sich Ihren Weg über den nicht markierten Waldpfad, der parallel zum *Wirftbach* den Osthang entlang führt. Er ist fast durchgehend mit Gras und Ginsterbüschen bewachsen, kreuzt etwa auf halbem Wege die Wirft zweimal und biegt auf Höhe von Schönfeld nach Osten ab. Über den *Weitersberg* (609 m) gelangen Sie wieder auf den ***Josef-Schramm-Weg,*** **Markierung schwarzes Dreieck (4).** Etwa 1 km südlich, unterhalb der Grillhütte Waldfrieden, treten Sie aus dem Wald hinaus und gelangen über Feldwege hinauf zur *Kapelle Wahlhausen* oberhalb von Steffeln. Im Frühjahr erhebt sich die weiß getünchte Kapelle aus ei-

Fromme Idylle: Die Kapelle Wahlhausen ist ein herrliches Rastplätzchen

nem Meer von Butterblumen auf den Wiesen ringsherum. Sie ist einer der schönsten Aussichtspunkte in der Eifel – ein idealer Rastplatz.

Ab **Steffeln** – ☒ – folgen Sie der **Markierung 2** durch den *Vulkankegel Steffelnkopf* hindurch – hier können Sie Erdgeschichte studieren – an zwei intensiv rostrot gefärbten Mineralquellen vorbei bis zur Schutzhütte, in der die **Mineralquelle Duppach** gefasst ist. Ab hier wandern Sie weiter auf nicht markierten Wegen bis zum **Langen Stein**, 3 km nordwestlich. Dazu folgen Sie dem Asphaltweg durchs *Duppacher Naturschutzgebiet*, überqueren die kleine Brücke über den *Dreisbach* und wandern den aus Nordwesten kommenden Bach flussaufwärts bis zu dem alten verwitterten Grenzstein. In dieser Gegend durchwandern Sie den für deutsche Mittelgebirge so typischen Mischwald: Alte Tannen und Buchen wechseln sich ab.

Eisenhaltig: Die rostrote Mineralquelle Duppach

In Richtung Neuendorf laufen Sie vom Langen Stein einfach den Weg noch 300 m weiter querfeldein geradeaus bis zur K52. Auf der gegenüberliegenden Seite führt der breite Waldweg mit der **Markierung 1** und **2** bis zum Höhenpunkt *Auf Metscheid* (610 m). Ab hier wandern Sie auf einem unmarkierten Waldweg hinunter ins *Birkenseifenbach-Tal* und sogleich wieder bergauf. Halten Sie rechter Hand auf die Hochspannungsleitung und die Windräder zu und folgen dann der **Markierung 2** zum *Olzheimer Berg* (595 m). Bei gutem Wetter sehen Sie von hier zum ersten Mal die Schneifel. Ausgebreitet liegt der Höhenzug vor Ihnen und weit im Südwesten erhebt sich der rot-weiße Sendemast viele Meter in den Himmel. Lassen Sie sich von hier aus auf dem

Asphaltweg den sehr steilen Hang hinab gen Tagesziel treiben.

Einsame Nester

Neuendorf, Knaufspesch und Olzheim sind einsame Nester am Osthang der Schneifel. Camper steigen auf dem kleinen Privatcampingplatz in Neuendorf ab. **Achtung:** keine Einkaufsmöglichkeit und kein Gasthof im Ort selbst. Feste Unterkünfte und einen Gasthof gibt es nur in **Knaufspesch,** 4 km oberhalb von Neuendorf. Proviant können Sie an der 24-Stunden-Tankstelle in **Olzheim** einkaufen, 1 km südlich von Neuendorf.

Über den Schwarzen Mann nach Bleialf

Gleich zu Beginn der Etappe laufen Sie stetig bergauf bis zum Schwarzen Mann, dem zweithöchsten Gipfel der Eifel. Die Steigung ist moderat und führt durch ausgedehnte Tannenwälder. Auf der Westseite des mächtigen Höhenzugs öffnet sich die Landschaft und um Bleilaf herum durchwandern Sie tief eingeschnittene Täler.

Ihr erstes Zwischenziel heißt Knaufspesch, vorausgesetzt Sie haben dort nicht die Nacht verbracht.

▶ Folgen Sie ab der **Neuendorfer Kirche** der **Markierung 1,** später der **Markierung 3** das *Tresbachtal* hinauf. Obwohl Sie hier über breite Feldwege laufen, hat das kleine Tal seinen eigenen Charme. Weiter oben im Tal treffen Sie auf eine wunderschöne Auenwiese mit einem großen Bienen-Lehrstock, an dem es nur so brummt und summt. Wenige Meter weiter, am Waldeingang, führt ein unmarkierter Pfad über eine kleine Holzbrücke links den Berg hinauf nach **Knaufspesch**.

Für den weiteren Weg bis zum Blockhaus am ***Schwarzen Mann*** haben Sie die Qual der Wahl. Vier unmarkierte Forstwege führen parallel zur K108 den Ost-

2. Tag

Neuendorf (510 m) → Knaufspesch (607 m) 3 km → Tranchotstein (697 m) 10 km → Buchet (520 m) 14 km → Halenfeld (500 m) 17 km → Bleialf (450 m) 25 km

Wanderzeit: 5 ½ Std.

Schwierigkeit: Leichte Etappe mit moderaten Anstiegen.

Höhenmeter: 404 m

Höchster Punkt: Schwarzer Mann (697 m)

Startpunkt: Kirche Neuendorf

Einkehr: In Knaufspesch, am Schwarzen Mann

GPS Bleialf:

O 006°17´13´´

N 50°14´22´´

Blockhaus Schwarzer Mann, Skianlage an der K108, 54608 Bleialf, ✆ 06551/3252, Mi Ruhetag.

In 54608 Bleialf:

Hotel-Restaurant Zwicker, Am Markt 2, ✆ 06555/92000, Fax 920010, www.zwicker-bleialf.de, 3 DBZ, 9 DZ ab 58 €.

Ferienhaus Gönen, Auf Kellerpesch 4, ✆ 06555/93073, Fax 93075, www.goenen.de, 4 FeWo ab 40 €.

Camping Bleialf, Im Brühl 4, ✆ 06555/1059, Fax 294, www.camping-bleialf.de, ÜpP ca. 12,10 €.

Fremdenverkehrsverein Bleialf – Schneifel, 54608 Bleialf, ✆ 06555/302, www.bleialf.de, Mo – Do 9.30 – 11.30 Uhr.

Seit dem 16. Jahrhundert wurde in der Eifel viel Eisenerz verhüttet, für das man große Mengen von Holzkohle benötigte. Diese wurde u.a. in den hiesigen Buchenwäldern in Köhlermeilern produziert. Wenn die rußschwarzen Männer nach wochenlanger Waldarbeit in die Dörfer runter kamen, liefen die Kinder vor dem ***»Schwarzen Mann«*** *weg. So erzählt man es hier.*

hang entlang auf die Skianlage zu. Das **Blockhaus Schwarzer Mann** bietet Gelegenheit zur Einkehr. Kraftprotze können an der kleinen Kletterwand hinter dem Haus überschüssige Energie loswerden. Vom Blockhaus aus folgen Sie nun dem ***Matthiasweg,*** **Markierung schwarzes Dreieck (6),** in südwestlicher Richtung. Der schmale Pfad ist eine Wohltat im Vergleich zu den breiten Forstwegen zuvor, führt aber zunächst parallel zur Landstraße. Der **Tranchotstein** ist der höchste Punkt der Tour. Hier steht auch der riesige Sendemast, der weithin in der Eifel sichtbar ist. 500 m weiter überqueren Sie die K108 und oberhalb von Buchet treten Sie schließlich aus dem Wald heraus. Von hier überblicken Sie die restliche Tagesstrecke: Die sanften Hügel im Westen gehören schon zu Belgien. Unter Ihnen im Tal liegt Bleialf, um das Sie nun gegen den Uhrzeigersinn herumlaufen. Dabei werden Sie drei weitere Höhenzüge überqueren und die Täler des Alf-, Düren- und Ihrenbachs durchschreiten.

Laufen Sie zunächst geradeaus direkt auf die Ferienhäuser in **Buchet** zu, wo Sie auf den ***Hemmingway-***

Literaturtipp: Ernest Hemingway »Über den Fluss und in die Wälder …«. Die Idee zu dem Soldaten-Roman soll Hemingway in Buchet bekommen haben.

Wanderweg treffen, **Markierung EH.** Folgen Sie ihm bis **Halenfeld.** Den Höhenzug westlich der K104 überqueren Sie auf unmarkierten Feldwegen. Am *Dürenbach* treffen Sie auf die **Markierung 8**. Folgen Sie ihr 1 km nach rechts und überqueren anschließend die L1 und den Kamm des nächsten Höhenzugs in westlicher Richtung auf unmarkierten Feldwegen. Am Waldrand wandern Sie auf den *Bolzenpesch* zu, wo Sie an die L17 kommen. Ein kurzes Stück geht's bergan. In der 1. Kehre wandern Sie dann auf dem äußerst rechten der beiden unmarkierten Wege in südliche Richtung das Ihrenbachtal entlang, bis Sie zu einem Asphaltweg mit der **Markierung 6** kommen. Von hieraus liegt noch ein kurzer, aber steiler Anstieg zwischen Ihnen und Bleialf.

Bleialf ist ein eigenartiger Ortsname

Das Besucherbergwerk und Kulturdenkmal M **Mühlenberger Stollen** verrät Ihnen, wie der Ort zu diesem Namen kam. Von den Kelten bis 1954 bauten die Menschen hier Erz ab. Aber für den Besuch des Stollens müssen Sie sich sputen. Die Öffnungszeiten sind samstags und sonntags 14 – 17 Uhr, www.besucherbergwerk.bleialf.org/index.html.

Im September 1944 wohnte der Literatur-Nobelpreisträger für 6 Tage in Buchet. Als Kriegsberichterstatter begleitete er eine gegen die Deutschen vorrückende US-Truppe. Angeblich hat er damals kurzerhand die Familie Fuchs aus dem Haus geschmissen, dass er dann Schloss Hemmingstein nannte. In Buchet erinnert eine Gedenktafel an seinen wenig rühmlichen Kurzaufenthalt, ebenso der ***Ernest-Hemingway-Wanderweg****.*

Sieht schmackhaft aus: Steinpilz

3. Tag

Bleialf → Buchet (450 m) → Schneifel (638 m) 5 km → Kapelle Hontheim (490 m) 11 km → Warmendell (530 m) 15 km → Mehlenbachtal (420 m) 16 km → Kalvarienberg (560 m) 20 km → Prüm (450 m) 21 km

Wanderzeit: 5 Std

Schwierigkeit: Mittelschwere Wanderung mit 8 kurzen, steilen Ansteigen.

Höhenmeter: 525 m

Höchster Punkt: Schwarzer Mann Süd (638 m)

Startpunkt: Kirche Bleialf

GPS Prüm:

O 006°25´28´´

N 50°12´26´´

Tipp: Keine Einkehrmöglichkeit. Tagesproviant in einem der 3 Supermärkte in Bleialf kaufen!

Von Bleialf nach Prüm

Am 3. Tag der Wanderung erwartet Sie eine äußerst abwechslungsreiche Etappe: Es geht ein weiteres Mal über den Höhenzug der Schneifel und an seinem Südhang durch mehrere tiefe Täler. Die tolle Fernsicht entschädigt Sie für 8 kurze, aber Kräfte zehrende Anstiege. Die Markierungen wechseln wieder häufig.

▶ Die Etappe beginnt an der Kirche **Bleialf**. Folgen Sie auf 2,5 km der **Markierung 4,** zunächst bergab, vorbei am *Campingplatz,* dann dem Alfbach in südwestlicher Richtung bis zum *Besucherbergwerk*. Ein kurzer Blick vom hölzernen Förderturm hinab in den Schacht muss genügen. Anschließend wandern Sie das *Üchenbachtal* hinauf, an dessen Talende Sie Brandscheid sehen, das höchstgelegene Dorf in der Eifel (564 m). An der Schutzhütte gehen Sie nach links den steilen Hang hinauf. Ein schmaler Pfad führt durch den **Pingen-Wald**. In der Ortschaft *Weidinger* stoßen Sie auf den ***Matthiasweg,*** **Markierung schwarzes Dreieck (6).** Über den asphaltierten Feldweg wandern Sie bergauf in Richtung Sendemast Schwarzer Mann.

Oberhalb von **Buchet** biegt gleich am Waldrand ein breiter Waldweg mit der **Markierung 18** nach rechts

In 54595 Prüm:

Haus am Kurpark, Teichstraße 27, ✆ 06551/95020, Fax 6097, www.haus-am-kurpark-pruem.de, 2 EZ, 7 DZ ab 61 €.

Posthotel Bäckersklässjen, Johannismarkt 1, ✆ 06551/980874, Fax 0180/55512267821, www.posthotel-pruem.de, 1 EZ, 4 DZ ab 60 €.

JH – Jugendgästehaus Prüm, Kalvarienbergstraße 5, ✆ 06551/2500, Fax 70030, jh-pruem@djh-info.de, pruem@diejugendherbergen.de, ÜF ab 23,50 €. Dient auch als Veranstaltungs- und Kongresszentrum.

Wald Camping, Roden o.H.G., ✆ 06551/2481, Fax 6555, www.waldcamping-pruem.de, ÜpP ca. 7 €, 1,5 km nordöstlich vom Zentrum.

Tourist-Information Prümer Land, Hahnplatz 1, 06551/505, Fax 7640, www.pruem.de, Mo – Fr 9 – 17 Uhr, im Sommer Sa – So 10 – 12 Uhr.

Südhanglage: Blick auf Hontheim

vom Matthiasweg ab. Erkennen Sie die Stelle vom Vortag wieder? Laufen Sie ca. 200 m nach Süden, bis Sie auf eine kleine Waldlichtung zu Ihrer Linken treffen. Folgen Sie der Schneise ca. 200 m bergauf zum gut sichtbaren kleinen Sendemast. Auf der gegenüberliegenden Seite der K108, zwischen einem alten Westwallbunker und einer Schutzhütte, führt Sie ein unmarkierter und, weil lange nicht mehr benutzt, von der Natur teilweise zurückeroberter Weg wieder bergab. Nach ca. 500 m stoßen Sie auf einen breiten Waldweg mit der **Markierung 8.** Folgen Sie ihm in südlicher Richtung. Bei einer Bank biegt der Weg links ab. Bis Hontheim laufen Sie nun durch Wildschonungen, Tannenwälder und über einige Bachläufe meist bergab. Der Pfad ist schmal und wenig begangen. Die **Markierung** wechselt im Verlauf von **8** zu **7A.**

Pingen sind Luftschächte alter Bergwerkstollen.

Oberhalb von *Hontheim* gelangen Sie auf eine freie Fläche. Genießen Sie den besten Blick auf die gesamte **Schneifel**. Im Winter ragt der Sendemast am Schwarzen Mann wie eine Geburtstagskerze aus

Vorsicht ist angesagt bei der Durchquerung des Warmendells

dem grünen Tannenwald mit einem Überzug aus weißem Pulverschnee. Folgen Sie dem asphaltierten Feldweg mit der **Markierung 8** ein kurzes Stück nach Norden, dann der **Markierung 1** bis zur *Marienkapelle* und der *Gedenkstätte* für das ehemalige Reichsarbeitslager Hontheim.

Hinter der Kapelle folgen Sie der **Beschilderung Grillhütte.** Der schmale Pfad führt Sie bergab und über eine Holzbrücke – ein sehr schöner Streckenabschnitt. Die Grillhütte mit angeschlossenem Kneipp-Bad lädt zu kurzer Rast ein.

Weiter geht es über einen Fortsweg, **Markierung 2,** durch die lichten Buchenwälder am Grippheld bergauf bis zur L18. Weiter entlang der **Markierung 2** wandern Sie wieder bergab bis zur **Kapelle Hontheim** und anschließend die L17 steil bergauf bis *Sellericherhöhe*.

Im weiteren Verlauf der Etappe liegen zwei weitere steile Anstiege vor Ihnen. Von den Höhenkämmen haben Sie abermals einen tollen Blick über die Schneifel. Weiter geht es auf dem Höhenweg mit **Markie-**

rung 3 – ein schöner Wiesenweg, der sich hinter einer Schutzhütte in Serpentinen ins *Mönbachtal* windet. Bachabwärts folgen Sie nun ein kurzes Stück der **Markierung 9** bis Sie auf die **Markierung 17** treffen. Dieser folgen Sie bis kurz vor Prüm. Verpassen Sie jedoch auf keinen Fall den sehr schönen Pfad durchs *Wachholderschutzgebiet Warmendell* mit den »wilden Deckböcken« wenige Meter hinter der L18. Es folgen einige Abschnitte über schöne Wiesenwege – u.a. durch das schöne Auengebiet am **Mehlenbachtal** – und auf schmalen Pfaden. Nach dem Anstieg aus dem Mehlenbachtal folgen Sie der **Markierung 8A** und später **8** bis zum ***Explosionskrater*** **Kalvarienberg**. Das letzte Wegstück führt Sie die **Markierung schwarzes Dreieck (5)** um den Krater herum und hinab nach **Prüm**.

*In den Bergstollen lag 1949 ein Munitionsdepot, das wegen eines Brands explodierte, gut 30 % der Stadt zerstörte und außerdem einen **Krater** von 190 x 90 m aufriss.*

Kulturprogramm: Kapelle der heiligen drei Ärzte in der Salvator-Basilika von Prüm

Prüm

Die Tour endet an der **Salvator-Basilika,** die die Stadtkulisse dominiert und die Sandalen Christi aufbewahrt. Nach drei Wandertagen voller Naturerlebnisse ist dieses imposante Kulturdenkmal eine willkommene Abwechslung.
Prüm geht auf die Gründung der Fürstabtei Prüm 721 durch die Karolinger zurück. Für die frühen karolingischen Könige, wie Pippin der Jünger, war es das Hauskloster. Kaiser Lothar I., Enkel Karls des Großen, trat in seinem letzten Lebensjahr dem Kloster bei. Sein Grab ist in der heutigen Barock-Kirche zu besichtigen.

Verbindungsetappe von Prüm nach Birresborn

Um die Tour 8 mit Tour 7 verbinden zu können, müssen Sie an einem zusätzlichen 4. Tag von Prüm über Schönecken (11 km) nach Birresborn (826 km) wandern. Diese Etappe ist nicht Bestandteil einer der 10 Touren. Ihr Verlauf ist allerdings denkbar einfach: Folgen Sie ab der Salvator-Basilika in Prüm dem ***Willibrodusweg,*** **Markierung schwarzes Dreieck (5)** bis zur Ruine Burg Schönecken, dann das Altburger Bachtal flussaufwärts der **Markierung 2,** weiter dem ***Karolingerweg,*** **Markierung schwarzer Pfeil (15),** bis südlich des Prümer Bergs. Zur Kirche in Birresborn gelangen Sie schließlich über die **Markierungen 2** und **schwarzes Dreieck (4).**

☒ **Hotel Restaurant Im Flecken,** Teichstraße 23, 54614 Schönecken, ✆ 06553/901761, Fax 901763, Mo Ruhetag.

⌂ **Hotel Restaurant Zur Krone,** 54574 Birresborn, ↗ Tour 7.

GPS Birresborn:
O 006°37´31´´
N 50°10´33´´

AN PRÜM, SAUER & KYLL

HOHES VENN & WARCHE-TAL

RUND UM DEN NATIONALPARK EIFEL

WALDEIFEL & AHRGEBIRGE

AHRGEBIRGE & BROHLTAL

ELZTAL & HOHE ACHT

LIESERTAL & MAARE

GEROLSTEIN & KYLLTAL

SCHNEIFEL & PRÜM

AN PRÜM, SAUER & KYLL

VON LUXEMBURG NACH BITBURG

Von einem der vielen Felsplateaus aus wirkt die Gegend um Echternach wie eine platte Hochebene. Tatsächlich durchziehen unzählige bewaldete und enge Täler das Plateau. Und sobald man in diese hinab wandert, eröffnet sich eine faszinierende und verwunschene Felslandschaft. Die Tour über das Ferschweiler Plateau und durch die Kleine Luxemburger Schweiz ist die spektakulärste Wanderung in der Eifel.

9 SAUERTALSCHLEIFE DURCH DIE KLEINE LUXEMBURGER SCHWEIZ

FRAU SYBILLES KREUZ

▶ Gewöhnliche Kreuze findet der Wanderer viele am Wegesrand: hölzerne, eiserne oder solche aus Stein. Gedenkkreuze für Verstorbene oder kleine Bildstöcke. Ein kurzer Blick genügt meist und schon liegen sie hinter einem. Das Fraubillenkreuz jedoch lässt man nicht so einfach links liegen.

Sonnenstrahlen fallen durch die Lärchen am Wegesrand auf das frühlingshafte Gras. Die Zweige mit ihren noch frischen hellgrünen Trieben hängen tief in den Weg. Ein Vorhang aus Licht versperrt meinen Blick auf das Ende von Wanderweg 33. Ich hatte das Fraubillenkreuz schon einmal auf einem Foto gesehen und wollte es in natura erleben. Meine drei Begleiter ahnen nicht, was da inmitten des Nusbaumer Hardts nordöstlich von Bollendorf steht.

»Ein Steinpilz«, ruft Markus, als wir auf die große Kreuzung treten. Erst jetzt gibt der Wald den Blick frei auf das riesige Kreuz. Wir lassen uns auf der Bank neben ihm nieder und fangen unweigerlich an, über dessen ungewöhnliche Form zu fantasieren. Schließlich einigen wir uns auf folgende Beschreibung: Ein Kreuz, gefertigt aus einem 3 Meter großen Steinpilz. Ungewöhnlich ist vor allem die bauchige Form des Längsbalkens.

»Keltischer Menhir. Diente in der Jungsteinzeit als Opferstein für Fruchtbarkeitskulte«, liest Markus vor. Jetzt geht unsere Fantasie mit uns durch. Wir spinnen Geschichten, was dieser Stein in den ver-

Roter Sandstein: Tour 9 ist die Tour der bizarren Steine und Felsschluchten

gangenen 7000 Jahren auf dieser Kreuzung erlebt hat. Blut hat er gesehen, vor allem sehr viel Blut. Irgendwann zogen die Römer durchs Sauertal, schändeten die Kultstätte der Kelten und wurden die neuen Herren. Man vermutet heute, dass sich der Name Fraubillenkreuz von der römischen Seherin Sybille ableitet. Folglich haben auch die alten Römer hier ihren Kulten gefrönt. Dann allerdings wurden die Römer aus Germanien vertrieben. Irische Missionare zogen in frühchristlicher Zeit als nächste durch den Hardt. Sie hatten es sich zur Aufgabe gemacht, Germanien zum »rechten Glauben« zu bekehren. Einer von ihnen war der heilige Willibrord. Sein Grab ist in Echternach zu bestaunen. Er soll es gewesen sein, dem dieser heidnische Menhir ein Dorn im Auge war. Er bestellte eilig einige Steinmetze, die aus dem Stein ein gewaltiges Kreuz hauten. Und das zieht bis in unsere Tage die Wanderer in seinen Bann. ◀

Trier und Trierer Land (EV-K 29); *Irrel Echternach* (EV-K 28)

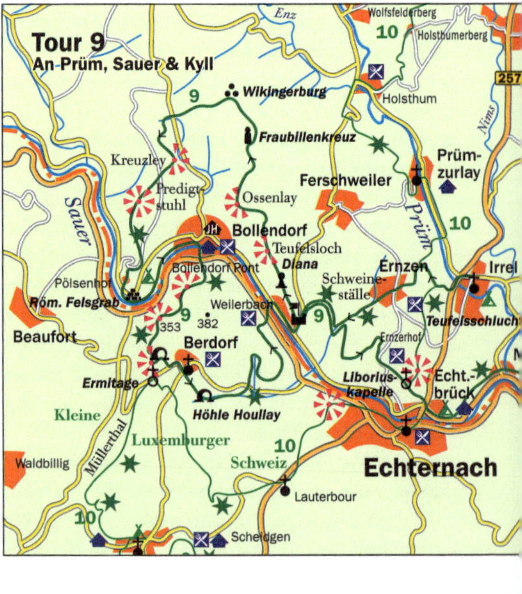

Die Wanderung in Kürze **4 Tage, 85,5 km, 2187 HM**

Schwierigkeitsgrad: Eine anspruchsvolle Tour mit moderaten Tagesdistanzen, aber vielen Felspassagen. Gute Kondition und Trittsicherheit sind ein Muss.

1. Tag: Irrel → Bollendorf 18,5 km

2. Tag: Bollendorf → Echternach 23 km

3. Tag: Echternach → Kordel 21 km

4. Tag: Rund um Kordel 23 km

Anfahrt: Von Norden mit der Eifelbahn bis Bitburg-Erdorf. Weiter mit Taxi oder Bus 405 nach Bitburg ZOB. Weiter mit Bus 401 nach Irrel (verkehrt nur Mo – Sa). Von Süden mit der Bahn bis Trier. Weiter mit Bus 441 nach Irrel.

Rückfahrt: Mit der Eifelbahn jede Stunde ab Kordel nach Köln bzw. Trier.

Unterkunft: In Irrel, Bollendorf, Echternach/Echternacherbrück, Kordel.

Busverbindungen entlang der Strecke: Tag 1: Bollendorf (Bus 441 nach Trier). Tag 2: Echternach (Bus 401 oder 406 nach Bitburg bzw. Bus 441 nach Trier).

Ideale Wanderzeit: April – Okt. Ferienzeit meiden. Im Winter sind viele Unterkünfte geschlossen.

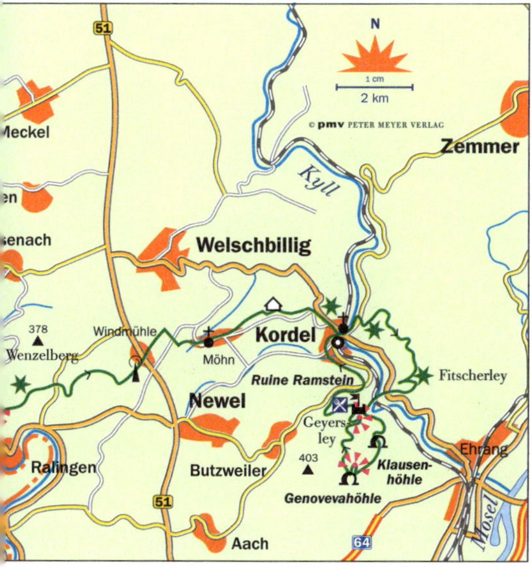

✹ **Tipp:** Kombinierte **5- oder 7-Tages-Tour:** Verbinden Sie die Touren 9, 10 und 7 (↗ Rucksack packen & Schuhe schnüren).

in 54666 Irrel:

Hotel Restaurant Koch-Schilt, Prümzurlayer Straße 1, ✆ 06525/9250, Fax 925222, www.koch-schilt.de, 9 EZ, 36 DZ ab 73 €.

Gästehaus Ziwes-Bohr, Im Schwarzenstein 17, ✆ 06525/893, Fax 933469, www.ziwes.de, 1 FeWo, 6 DZ ab 40 €.

Campingplatz Südeifel, Hofstraße 19, ✆ 06525/510, Fax 7480, www.camping-suedeifel.de, ca. 9 €.

Tourist Information Irrel, Hauptstraße 5, ✆ & Fax 06525/500, www.tourist-information-irrel.de, Mo – Sa 10 – 12 Uhr.

Tourencharakter

Ich bin immer wieder erstaunt, dass selbst vielen Rheinländern die Felsattraktionen in der Grenzregion zu Luxemburg kein Begriff sind. In ihrer Schönheit stehen sie den Felsen der Sächsischen Schweiz in nichts nach. Sie ragen nur nicht ganz so hoch in den Himmel. Rund um Consdorf, Echternach, Berdorf und Ferschweiler können Sie 100 km und mehr auf schmalen, abenteuerlichen Pfaden durch Kalksandsteinfelsen laufen, die einst ein urzeitlicher Ozean hervorbrachte. Die ersten beiden Etappen führen ständig durch Felsformationen mit Namen wie Schweinestall, Houllay oder Kallekap. Und die 18 km rund um Kordel an Tag 4 führen Sie abermals durch anspruchsvolles, felsiges Terrain. Das mediterrane Klima, die gute Küche Luxemburgs und die vielen Spuren früherer Zivilisationen am Wegesrand erhöhen die Attraktivität der Tour.

Steine können Geschichten erzählen … Skulptur in der Schlucht »Schweineställe«

Ein Tag in Luxemburg

Die heutige Etappe bietet Ihnen mit der Irreler Teufelsschlucht, der Houllay und dem Kalekapp gleich drei spektakuläre Felsformationen. Starten Sie früh und genießen Sie einen tollen Wandertag. Aber teilen Sie sich Ihre Kräfte gut ein, denn auf nur 18,5 km ist das Terrain anspruchsvoll.

Ihr erstes Zwischenziel heute ist die Teufelsschlucht. Die gigantischen moosbewachsenen Felsen liegen westlich von Irrel.

Hotel Restaurant Kinnen, route de Echternach 2, L-6550 Berdorf, ✆ 00352/790183, Fax 790183500, www.hotelkinnen.lu, kein Ruhetag, ÜpP ab 56 €.

In 54669 Bollendorf:

Pension Unter der Burg, Burgstraße 10, ✆ 06526/526, Fax 93016, www.hotel-unterder-burg.de, 7 DZ ab 50 €.

Pension Reder, Kirchstraße 25, ✆ 06526/8563, Fax 9339970, pensionreder@t-online.de, 1 EZ, 7 DZ ab 50 €.

Südeifel-JH Bollendorf, Auf der Ritschlay 1, ✆ 06526/200, Fax 1204, bollendorf@diejugendherberge.de, 156 Betten, ÜF ab 16,50 €.

Camping Altschmiede, ✆ 06526/375, Fax 1330, www.camping-altschmiede.de, ÜpP ab 5,50 €.

Tourist-Information Bollendorf, An der Brücke, ✆ 06526/93033, Fax 93035, www.bollendorf.com, Mo, Mi, Fr 10 – 15 Uhr.

Fremdenverkehrsamt der Verbandsgemeinde Irrel, ✆ 06526/79-115, Fax 79-244, www.irrel.de.

Tourist-Information Berdorf, 7 an der Laach, L-6550 Luxemburg, ✆ 00352/790643, Fax790643, www.berdorf.lu, berdorf.tourisme@pt.lu.

Vorwahl Luxemburg 00352, innerhalb Luxemburgs 352.

1. Tag

Irrel (178 m) → Ernzen (324 m) 3,5 km → Weilerbach (152 m) 7 km → Houllay (300 m) 11 km → Berdorf (400 m) 12 km → Kasselt (353 m) 15,5 km → Bollendorf (171 m) 18,5 km

Wanderzeit: 6 ½ Std.

Schwierigkeit: Anspruchsvolle Etappe. Mit wenigen Ausnahmen geht es ständig durch felsiges Terrain.

Höhenmeter: 539 m

Höchster Punkt: Berdorf (400 m)

Startpunkt: Tourist-Information Irrel

Einkehr: In Weilerbach, Berdorf

GPS Bollendorf:
O 006°21´30´´
N 49°51´03´´

Viele Stufen und ein dunkler Pfad führen durch die Teufelsschlucht …

▶ Von der **Tourist-Information Irrel** laufen Sie zunächst die L4 in Richtung Prümzurlay, einem Ortsteil Irrels, überqueren dann die große Brücke der E29 über die Prüm und steigen den Osthang des Ferschweiler Plateaus entlang der **Markierung 14** bergauf zur *Teufelsschlucht*. Laufen Sie einmal auf dem gut angelegten Pfad durch die Felsen hindurch und anschließend zum *Informationszentrum Teufelsschlucht*. Folgen Sie nun der **Markierung 3** durch **Ernzen** bis zum Felsenweiher und weiter am Gutenbach talabwärts, der **Markierung A** folgend, durch weitere Felsformationen bis zu den so genannten **Schweineställen**. Links und rechts des Passes türmen sich die Felswände wohl 40 m hoch, in die zerklüfteten Wände führen Schlüffe und Höhlen und geben dem Ganzen einen geheimnisvollen Anblick. Die Felsen werden immer gewaltiger. Stellen Sie sich einfach vor, dass Sie in das Korallenriff eines Urzeitmeeres hinabtauchen. Nichts anderes waren die Felsen vor Millionen von Jahren.

Die **Markierung 4** führt Sie schließlich hinab nach **Weilerbach**. Auf einer imposanten Holzbrücke überqueren Sie die Sauer und betreten luxemburgischen

*Die **Schweineställe** sind eine 300 m lange und etwa 60 m breite Schlucht. Der kürzeste Weg von Ernzen nach Weilerbach führt durch diese Schlucht. Wenn der Ernzener Schweinehirte sich das Hüten leicht machen wollte, verschloss er einfach die schmalen Durchlässe am Ein- und Ausgang und erhielt damit eine mit Eicheln übersäte Schweinetrift, wo ihm keines seiner anbefohlenen Tiere davonlaufen konnte.*

... und durch den Kalekapp

Hotel Restaurant Schumacher, rue de Diekirch 1, L-6590 Weilerbach-lez-Echternach, ✆ 00352/7201331, Fax 728713, www.hotel-schumacher.lu, kein Ruhetag, DZ mit Frühstück 80 €.

Houllay bedeutet »hohler Felsen«. Die Houllay entstand seit der Römerzeit durch den Abbau des Steins.

Der Begriff Lay/Ley kommt aus dem Keltischen und bedeutet Fels/Klippe. In der Eifel kommt die Bezeichnung in vielen Namen vor.

Boden. Im **Hotel Schumacher** haben Sie Gelegenheit zur Einkehr.

Weiter geht es nun entlang der **Markierung F** in Richtung Geiersley. Der Einstieg liegt ca. 100 m südöstlich des Hotels. Der Pfad biegt von der N10 rechts ab, verjüngt sich und steigt immer steiler bergauf. Ab der *Geiersley* führt er als **G** markiert immer am Kamm entlang und fällt später durch das *Halsbachtal* bis zur CR364 ab. Auf der gegenüberliegenden Straßenseite folgen Sie der **Markierung B** talaufwärts nach Berdorf. Der Weg durch das **Houllay-Tal** ist sehr romantisch. Kleine Wasserfälle, mit Moos und Gras überwucherte Felsen sowie eine **Höhle** machen es zu einer der Attraktionen rund um Echternach. In **Berdorf,** dem Herz der kleinen Luxemburgischen Schweiz, gibt es 8 **Gaststätten.**

Der letzte Abschnitt dieser Etappe führt bis Bollendorf nun komplett durch Felsen und fordert Ihre Kondition. Dazu wandern Sie zunächst entlang der **Markierung B2** und folgen dann **F.** So sollten Sie der Reihe nach an der *Ermitage* und den Felsformationen *Raiberhiel*, *Adlerhorst*, *Sieweschloeff*, **Kasselt** (353 m) und *Kalekapp* vorbeikommen. Der schmale Pfad führt auf rund 7 km Länge durch Höhlenlabyrinthe, mediterrane Tannen- und Eichenwälder, über Stahltreppen auf Felsplateaus hinauf und vorbei an 25-m-Felsen mit Klettergärten. An warmen Tagen duftet die ganze Gegend nach Sonne und Süden. Schließlich gelangen Sie über einen steilen Dornhecken-Weg hinab nach *Bollendorf-Pont* und über die Brücke wieder hinüber nach Deutschland.

Bollendorf

Das Örtchen ist der touristische Mittelpunkt des Sauertals. Es hat eine perfekte Infrastruktur und bietet nach dieser anstrengenden und spannenden Felspartie viel Erholung. Camper müssen noch 2 km weiter wandern. Der idyllische **Campingplatz Altschmiede** liegt westlich von Bollendorf direkt am Sauerufer.

Felspartie von Bollendorf nach Echternach

Die Etappe führt viele Kilometer durch das riesige Waldgebiet Nusbaumer Hardt und die spektakulären Felsformationen am Westhang des Ferschweiler Plateaus. Tief im Wald versteckt sich das Fraubillenkreuz. Auch in sportlicher Hinsicht ist die Etappe sehr abwechslungsreich.

▶ Camper haben heute 2 km weniger vor sich, alle übrigen Wanderer müssen zunächst noch von **Bollendorf** der **Markierung 35** die Sauer flussaufwärts zum Campingplatz Altschmiede folgen. An seinem westlichen Ende, auf Höhe von Schmittenwehr und des gut versteckten römischen Felsgrabs, laufen Sie auf einem unmarkierten Kopfsteinpflasterweg bergauf zur L1 und weiter zum Parkplatz *Pölsenhof*. Etwas oberhalb erwarten Sie die nächsten Felsformationen. Steigen Sie den breiten Pfad mit der **Markierung 1** bergauf bis zur Schutzhütte und anschließend auf einem schönen, schmalen Pfad mit der **Markierung D** in Richtung der Felsformationen *Muhmenlay* und **Predigtstuhl,** einem isoliert stehenden, hoch aufragenden Fels. Zum *Maria-Theresien-Stein* gelangen Sie anschließend entlang der **Markierung 2.** Sie finden den ehemaligen Grenzstein aus der österrei-

2. Tag

Bollendorf (171 m) → Predigtstuhl (320 m) 6 km → Fraubillenkreuz (405 m) 13 km → Teufelsloch (300 m) 16 km → Haus Hubertus (300 m) 21 km → Echternach (170 m) 23 km

Wanderzeit: 7 Std.

Schwierigkeit: Wegen der vielen Felspassagen auf 23 km Länge eine sehr anspruchsvolle Wanderung.

Höhenmeter: 501 m

Höchster Punkt: 414 m

Startpunkt: Brücke Bollendorf

Einkehr: In Weilerbach, Ernzen

GPS Echternach/Brücke:
O 006°25´35´´
N 49°48´46´´

☒ **Hotel-Restaurant Schumacher,** L-6590 Weilerbach, ↗ 1. Tag.

☒ **Gasthaus Ernzerhof,** 54668 Ernzen, ✆ 06525/245, kein Ruhetag.

In 54668 Echternacherbrück:

Gasthaus Zum Golfstübchen, Bitburger Straße 1, ✆ 06525/210, Fax 936122, www.zum-golfstuebchen.de, 26 DBZ, 9 DZ ab 54 €.

Camping Echternacherbrück, Mindener Straße 18, ✆ 06525/340, Fax 93155, www.echternacherbrueck.de, ÜpP ab 7 €.

zahlreiche in L-6434 Echternach:

Auberge de Jeunesse, rue André Duchscher, ✆ 00352/720158, Fax 728735, echternach@youthhostels.lu, ÜF 14,30 €.

ℹ **Tourist-Information Irrel** ↗ 1. Tag.

chischen Zeit auf einer weitläufigen Waldlichtung. Hinunter zur *Kreuzlay* fällt der Weg plötzlich steil ab. Hier treffen Sie wieder auf einen abenteuerlichen Pfad mit der **Markierung D** und folgen ihm in nördlicher Richtung. Auf Höhe des *Disteldells* führt ein unmarkierter Weg hinunter zur L3. Auf der gegenüberliegenden Straßenseite befindet sich ein kleiner Weiher. Folgen Sie dem breiten Waldweg mit der **Markierung Hufeisen** bergauf, später der **Markierung D** bis zur **Wikingerburg**. In der Karte ist dieser Weg als **(23)** markiert.

Ihr nächstes Ziel ist das beeindruckende Fraubillenkreuz. Der schönste Weg dorthin führt zu den Hügel-

*Bei der **Wikingerburg** handelt es sich um eine befestigte Ringanlage aus der Hallstattzeit. Dieses Kulturdenkmal diente den Bewohnern der Gegend seit der Bronzezeit in Kriegen als Wehrbau. Die Nordmänner waren vermutlich nie in der Gegend. Weil man sich aber noch Generationen später von ihren schrecklichen Beutezügen erzählte, brachten die Menschen den Wehrbau irrtümlich mit ihnen in Verbindung.*

Das sagenhafte Fraubillenkreuz: Als Menhir war er den frühen Christen suspekt

gräbern südöstlich der Wikingerburg und weiter über den Höhenpunkt 414,2 direkt auf das **Fraubillenkreuz** zu (keine Markierung).

Haben Sie das bizarre Kunstwerk lange genug bestaunt, präparieren Sie sich für weitere 14 anstrengende, aber wunderbare Wanderkilometer durch Felsen. In Richtung Echternacherbrück folgen Sie einfach in dieser Reihenfolge den **Markierungen 33, 32** und schließlich **schwarzes Dreieck (6).** Der durchgängig schmale Pfad ist ein kleines Wanderabenteuer. Er führt ständig auf und ab, über Stock und Stein und vorbei an mehr als einem Dutzend Sehenswürdigkeiten: *Ossenlay*, *Bildcheslay*, *Artistenplatz*, *Diana-Denkmal,* ein Stein aus der Römerzeit, ☒ **Barockschloss Weilerbach,** erneut die Schweineställe Schlucht, *Stubenlay* und *Liboriuskapelle*. Vom Felsplateau **Teufelsloch** haben Sie den besten Blick übers Sauertal. Hinterm **Haus Hubertus** liegt die ☒ **Gaststätte Ernzerhof.** Der letzte Kilometer führt bergab durch herrliche Streuobstwiesen zum Tagesziel.

Tipp: Beide Gasthäuser liegen im letzten Etappendrittel. Packen Sie ausreichend Proviant in Ihren Rucksack.

Echternach

In Echternacherbrück übernachten Sie günstiger als auf luxemburgischer Seite. Versäumen Sie es aber nicht, am Spätnachmittag oder Abend über die Zollbrücke nach Echternach zu schlendern. Die älteste Stadt Luxemburgs (1. Jahrhundert n.Chr.) bietet neben zahlreichen Sehenswürdigkeiten vor allem viele Cafés und Restaurants, in denen Sie es sich gut gehen lassen können (↗ auch Tour 10).

Noch ein Kreuz: Croix de Justice auf dem Marktplatz von Echternach

3. Tag

Echternach (170 m) → Minden (160 m) 4 km → Schutzhütte Ralingen (300 m) 9 km → Windmühle (405 m) 14,5 km → Möhn (309 m) 16,5 km → Kordel (141 m) 21 km

Wanderzeit: 5 ½ Std.

Schwierigkeit: Die leichteste Etappe auf dieser Tour mit nur 3 kurzen Anstiegen.

Höhenmeter: 391 m

Höchster Punkt: Windmühle (405 m)

Startpunkt: Zollbrücke Echternach

GPS Kordel/Brücke:
O 006°38´05´´
N 49°50´17´´

Von Echternach nach Kordel

Auf dieser Etappe werden Sie nur einige wenige Felsformationen durchlaufen. Aber der geologische Unterschied zwischen dem hellen Sandstein des Sauertals und den roten Felsen im Kylltal ist augenfällig. Zwischen den beiden tief eingeschnittenen Flusstälern überqueren Sie eine weitläufige Hochebene mit viel Fernsicht und herrlichen Streuobstwiesen. Zeitlich ist heute ein Nickerchen unter einem Obstbaum durchaus drin.

▶ Die ehemalige Zollbrücke zwischen **Echternach** und Echternacherbrück über die Sauer ist der Startpunkt der Etappe. Folgen Sie zunächst ein kurzes Stück dem ***Matthiasweg***, **Markierung schwarzes Dreieck (6)**, in östlicher Richtung vorbei am Campingplatz bis zur B418. Rechter Hand führt der *Uferwanderweg Sauer-Our*, **Markierung grünes Schild**, bergan nach Minden. Auf dem schmalen Grasweg wandern Sie oberhalb der Sauer entlang – genießen Sie den Fernblick – und steigen schließlich steil nach **Minden** hinab. Durch das Örtchen hindurch folgen Sie wieder dem **Matthiasweg.** Oberhalb von Minden – Sie haben soeben einige Höhenmeter auf Asphaltserpentinen überwunden – verlassen Sie ihn für ein kurzes Stück und wandern ca. 300 m der **Markierung 25** folgend einfach geradeaus. So umgehen Sie weiteren Asphalt. Wieder auf dem **Matthiasweg** wandern Sie oberhalb von Edingen und Ralingen am Nordhang die Sauer entlang. Die vielen Obstwiesen

✸ **Tipp:** Es gibt keine Gasthäuser und Einkaufsmöglichkeiten am Wegesrand. Ausreichend Proviant in Echternach einkaufen (auch So vormittags).

In 54306 Kordel:

Hotel – Restaurant Neyses am Park, Kreuzfeld 1, ✆ 06505/91400, Fax 914040, www.hotel-neyses.de, 30 Betten, DZ ab 62 €.

Gasthaus Pension Reichert, Hauptstraße 19, ✆ & Fax 06505/1757, 1 EZ, 5 DZ ab 48 €.

ℹ Nur im Internet: www.kordel.de.

Futterplatz für Bienen und Hummeln: Zur Ginsterblüte am Matthiasweg

sind ein deutliches Zeichen dafür, dass das Klima hier milder ist als anderswo.

Von der **Schutzhütte Ralingen** können Sie einen letzten Blick über das untere Sauertal mit seiner weit gezogenen Flussschleife werfen. Die folgenden 2 km laufen Sie noch einmal auf einem engen Pfad bis zur Felsformation *Schäferei*. Über eine steile Treppe und Serpentinen steigen Sie hinab ins Mühlenbachtal und jenseits der Landstraße wieder bergauf. Am Höhenpunkt 281 m verlassen Sie den Matthiasweg endgültig. Folgen Sie der **Markierung Ra3** ein Stück bergauf und suchen Sie sich Ihren Weg über die unmarkierten Feldwege über *Auf der Sepp* und *Aspelt* bis nach **Windmühle** an der B51 – der Sendemast des Ortes ist deutlich zu erkennen. Hier oben fegt ein kalter Wind über den in Nord-Süd-Richtung verlaufenden Höhenzug, der sich zwischen das Sauer- und das Kylltal geschoben hat.

Um Windmühle herum heißt es leider Augen zu und durch. Nur die autobahnähnliche B51 überqueren Sie besser mit offenen Augen, um nicht von einem der vielen Autos überrollt zu werden. In der Ferne erblicken Sie **Möhn**. Halten Sie über die unmarkierten Feldwege auf das Dorf zu, durchqueren Sie es auf der K21 in östlicher Richtung und wandern Sie weiter auf einem parallel zur K21 führenden und angenehm zu laufenden Feldweg bis zur Schutzhütte *Auf dem*

Knorriger Gesell: Abgestorbener Obstbaum auf dem Hoxberg

Hoxberg. Der unmarkierte Weg führt über herrliche Streuobstwiesen und durch Tannenwälder. An warmen Sonnentagen sind die Obstwiesen der ideale Ort für eine Rast. Lassen Sie Ihrer Fantasie beim Anblick der bizarr vom Westwind verformten Obstbäume freien Lauf oder gehen Sie auf archäologische Spurensuche. Durch das Waldgebiet Erwen verläuft in Nord-Süd-Richtung eine römische Langmauer, die Sie am Hoxberg quasi überqueren. Sie ist allerdings nicht leicht zu finden.

Der Weg ins 2,5 km entfernte Kordel ist nun etwas komplizierter, denn er verläuft auf unmarkierten Wegen durch das kleine und steile Bachtal parallel zur K21 auf den Welschbilliger Bach zu. Die einzige Alternative ist die wenig attraktive Landstraße. Folgen Sie zunächst der **Markierung W3** nach Osten. Am Waldrand steht unterhalb eine kleine Hütte, die Sie über die Obstwiese erreichen. Dort treffen Sie wieder auf einen Waldweg, der parallel zum Bach verläuft. An einer Brücke geht er in einen Pfad über und fällt immer steiler ins Tal ab. Am Ende des Weges gelangen Sie an die Einmündung der K21 auf die B422.

Auf der gegenüberliegenden Seite folgen Sie der **Markierung 7** in südliche Richtung. Der schmale Pfad führt durch Tannenwälder vorbei an zwei markanten roten Sandsteinfelsen. Der größere von beiden hat mich an einen gigantischen Opferaltar der gallischen Druiden aus »Asterix« erinnert. 200 m weiter steht am Ortseingang von Kordel ein großes Holzkreuz am Wegesrand. Steigen Sie zwischen den Häusern hindurch hinab in den Ortskern.

Idyllisches Kordel

Kordel ist ein ruhiges Örtchen. Der Tourismus hält sich in Grenzen, obwohl es in der Umgebung viel zu erkunden gibt. Das meiste davon werden Sie am nächsten Tag sehen. Nutzen Sie den Rest des Tages zur Erholung.

Rund um Kordel

Korpesley, Burg Ramstein, Klausenhöhle, Hochburg und Genovevahöhle: Auch auf dem heutigen Rundkurs liegen zahlreiche Kultur- und Naturdenkmäler am Wegesrand. Die Etappe führt durch herrliche Eichen- und Tannenwälder immer wieder die steilen Hänge des Kylltals hinauf und hinab.

▶ Beginnen Sie die Etappe an der Brücke über die Kyll in **Kordel**. Am Ostufer folgen Sie zunächst der K29, **Markierung 2,** in Richtung Hochzeitseichen. Nach ca. 500 m führt ein schmaler Pfad mit der **Markierung 2b** über weichen Tannenwaldboden serpentinenartig hinauf zum **Vogelskopf**. Auf nur 1 km überwinden Sie 166 Höhenmeter. Am steinernen Gipfelkreuz entschädigt Sie ein wunderbarer Blick über das Kylltal für die Plackerei.

Ihr nächstes Ziel ist der Grill- und Waldspielplatz *Hochzeitseichen*. Dort wandern Sie rechter Hand auf dem schmalen Waldpfad mit der **Markierung 8** in Richtung Fußbecken, und im weiteren Verlauf am Steinbruch Steinkopf vorbei bis zur *Fitscherheldkanzel* (309 m). Der breite Forstweg führt durch Buchenwälder immer am Hang entlang.

Von der Fitscherheldkanzel machen Sie einen kleinen Abstecher zur Korpesley. Der Weg mit der **Markierung 5** ist eine Sackgasse. Von den Felsen der **Kor-**

4. Tag

Kordel (141 m) → Vogelskopf (307 m) 2 km → Korpesley (220 m) 7 km → Genovevahöhle (240 m) 12,5 km → Burg Ramstein (160 m) 16,5 km → Kordel (141 m) 23 km

Wanderzeit: 5 Std.

Schwierigkeit: Aufgrund von 6 steilen Anstiege eine mittelschwere Etappe.

Höhenmeter: 700 m

Höchster Punkt: Fischerheld-Kanzel (309 m)

Startpunkt: Bhf Kordel

Einkehr: Burg Ramstein

GPS Kordel/Brücke:

O 006°38´05´´

N 49°50´17´´

pesley haben Sie einen fantastischen Blick auf die Kyll und die gegenüberliegende Burgruine Ramstein. Zurück an der Fitscherheldkanzel gelangen Sie über einen schmalen, aber unmarkierten Pfad, der parallel zu den mit 5 und 6 markierten Wegen verläuft, hinab ins Kylltal. Über die B422 und die *Ramsteinerbrücke* – achten Sie auf den Zugverkehr – gelangen Sie an das Westufer.

Die kommenden 7 km sind an Abwechslung kaum zu überbieten. Schmale Pfade und breitere Waldwege wechseln sich ab. Sie führen kurze, aber steile Anstiege hinauf. Praktisch im Abstand von 1 km liegen zahlreiche Kultur- und Naturdenkmäler an Ihrem Weg. Leider wechseln aber auch die Markierungen ständig.

Folgen Sie unterhalb der Burg zunächst der **Markierung 4** in südlicher Richtung bis zur *Klausenhöhle*. An diesem dunklen Ort lebten einst christliche Fanatiker gottgefällig und kasteiten sich. Der Pfad führt weiter sehr steil bergauf. Oben angekommen, lohnt sich der kurze Abstecher zur *Geyersley*. Zurück an der Schutz-

Lugt aus dem Wald hervor: Die Felsen der Geyersley bei Kordel

hütte geht es nun in südlicher Richtung und im Uhrzeigersinn um die *Hochburg* herum. Dazu folgen Sie der **Markierung schwarzes Dreieck (4)** bis zur **Genovevahöhle.** Sie ist durch die Auswaschung der Urkyll entstanden und die größte Höhle, die ich in der Eifel gesehen habe. Von hier lohnt sich der Abstecher hinauf zum Hochplateau an der Hochburg (306 m). Der weitere Weg führt Sie von der Höhle um die Hochburg herum wieder zur Klausenhöhle und bergauf zur Schutzhütte an der Geyersley. Folgen Sie dem Kartenverlauf. Der Weg ist als »**4**« eingezeichnet. Am Wegesrand finden sich verschiedene andere Markierungen.

Sieht der Geyersley irgendwie ähnlich: Ruine Ramstein

Von der Schutzhütte zur **Burgruine Ramstein** gelangen Sie entlang der **Markierung schwarzes Dreieck (4).** Die Burg aus dem 14. Jahrhundert wurde 1689 von den Franzosen gesprengt, dominiert jedoch bis heute das untere Kylltal. Zwei ☒ **Gaststätten** liegen am Fuß der Burg.

Von der Burg führt Sie ein kleiner Schlenker durch das *Buztenbachtal* hinab zum Parkplatz unterhalb der Burg, **Markierung 4.** Wandern Sie dazu 200 m den gekommenen Weg zurück und biegen dann in Richtung Butzweiler ab. Dieser reizvolle Umweg führt Sie an römischen Kupferbergwerken vorbei und schließlich auf einem schmalen Pfad über zahlreiche Brücken und vorbei an einem kleinen Wasserfall bis zum Parkplatz.

Von hier folgen Sie, um die Asphaltwege im Talgrund zu umgehen, der **Markierung 3** bergauf. Sie überque-

☒ 🏠 **Waldhotel Weis,** ✆ 06505/359, www.waldhotel-weis.de, 3 EZ, 5 DBZ, 16 DZ ab 44 €, Di Ruhetag. Das Restaurant ist auf Schnitzel spezialisiert.

☒ 🏠 **Burg Ramstein,** ✆ 06505/17-35, www.burg-ramstein.de. Biergarten, Restaurant und Hotel, ÜpP 25 €.

ren die L43. Den Nordhang des Friedbüschs steigen Sie zunächst über einen unmarkierten Waldweg, dann ein kurzes Stück der **Markierung 4** folgend und schließlich auf einem schmalen Pfad hinab in das südliche Wohngebiet von Kordel. Zwei Straßenzüge unterhalb liegt der Bahnhof Kordel, von wo aus Sie stündlich die Heimreise antreten können.

LUXEMBURG – BITBURG

HOHES VENN & WARCHE-TAL

RUND UM DEN NATIONALPARK EIFEL

WALDEIFEL & AHRGEBIRGE

AHRGEBIRGE & BROHLTAL

ELZTAL & HOHE ACHT

LIESERTAL & MAARE

GEROLSTEIN & KYLLTAL

SCHNEIFEL & PRÜM

AN PRÜM, SAUER & KYLL

VON LUXEMBURG NACH BITBURG

Ein Kurzurlaub ist, wenn es nur wenige Stunden braucht, um den Alltag zu vergessen. Auf dieser fantastischen Wanderung durch die spektakulären Felsformationen der Kleinen Luxemburger Schweiz und des Ferschweiler Plateaus werden Sie am Ende gar nicht mehr nach Hause zurückkehren wollen – auch weil man in Luxemburg zu genießen weiß.

APFELFEST IN ECHTERNACH

▶ Manchmal genügen etwas Sonne, eine fremde Sprache und ein Gericht, dass es in der Heimat nicht gibt, um mein Wanderglück perfekt zu machen. Dann vergesse ich alle Qualen auf dem bereits zurückgelegten Weg und wähne mich unendlich weit von zu Hause entfernt.

Vom pittoresken Marktplatz in Echternach ist es gerade einmal ein Kilometer bis nach Deutschland, aber Köln lag an diesem Oktobersamstag Tausende von Kilometern entfernt. Ich saß in der *Brasserie Aal Echternaach* gleich neben dem alten Rathaus und trank einen frisch gepressten Apfelsaft. Kim war völlig erschöpft und stärkte sich mit Flammkuchen. Den ganzen Tag waren wir über schmale Pfade gelaufen, über umgefallene Bäume gesprungen und hatten unzählige umgestürzte Felsen umrundet. Wir hatten an diesem Vormittag erfahren müssen, dass die Pfade durch die Felsen zwischen Consdorf und Echternach so anspruchsvoll sind wie eine Tour im Hochgebirge. Und sie sind ähnlich schön, die spektakulärsten im ganzen Eifel-Ardennen-Raum.

Meine Fußsohlen brannten und die Waden schmerzten, aber meine Welt war in Ordnung. Ich genoss die Herbstsonne, meinen Apfelsaft und verfolgte das Treiben auf dem Marktplatz. Am alten Croix de Justice in der Mitte des Platzes hatten die Apfelbauern der Gegend Verkaufsstände und riesige Obstpressen aufgebaut. Aus Fallobst pressten sie frische Säfte für die Echternacher und für Touristen wie mich. »Das ist Urlaub«, sagte Kim in diesem Moment. Nach

Seltene Konstruktion: Gedeckte Brücke bei den Prüm-Wasserfällen

Tour 10
Von Luxemburg nach Bitburg
Baustert
Stahl
Bitburg
Oberweis
Hungerburg
Mettendorf
Geichlingen
Bettlingen
Ingendorf
Messerich
Dockendorf
Nusbaum
Enz
Wolfsfelderberg
Wolfsfeld
Holsthumerberg
Holsthum
Meckel
Nims
Wikingerburg
Fraubillenkreuz
Kreuzley
Predigtstuhl
Ossenlay
Ferschweiler
Prüm-zurlay
Prüm
Gilzen
Sauer
Bollendorf
Teufelsloch
Diana
Eisenach
Irrel
Ernzen
Schweine-ställe
Pölsenhof
Bollendorf Pont
Röm. Felsgrab
Weilerbach
Teufelsschlucht
353
382
Beaufort
Berdorf
Ernzerhof
378
Wenzelberg
Minden
Ermitage
Liborius-kapelle
Echt.-brück
Höhle Houllay
Kleine
Luxemburger
Schweiz
Müllerthal
Waldbillig
Echternach
Edingen
Ralingen
Lauterbour
Scheidgen
Consdorf
Heffingen
Luxemburg
Kobenbour
Bech
Godbrange
N
1 cm
2 km
Radio Luxemburg
Junglinster
Trier
© pmv PETER MEYER VERLAG

ihrem zweiten Flammkuchen leuchteten ihre Augen wieder. ◀

Tourencharakter

▶ Ihr grenzüberschreitender Charakter verleiht dieser Tour einen besonderen Charme. Aus dem Herzen Europas, Luxemburg, laufen Sie ins Herz der Eifel: Über die lang gezogenen Hügel Ostluxemburgs nähern Sie sich im ersten Teil der Wanderung der Kleinen Luxemburger Schweiz. Wenige Kilometer vor Consdorf treffen Sie auf die ersten Felsformationen, die auf einer Länge von 45 km Ihr ständiger Begleiter bleiben. Sie durchlaufen Echternach an diesem 2. Tag der Wanderung, das in ↗ Tour 9 als Etappenziel dient. Sie nächtigen jedoch in Prümzurlay und wandern dann ab Holsthumerberg wieder gemächlicher auf einem lang gezogenen Höhenzug bis Bitburg, die größte Stadt in der Eifel.

Wasserbillig – Beaufort R6 (Regionalkarte des Großherzogtums Luxembourg, 1:20.000); *Naturpark Südeifel: Irrel Echternach* (EV-K 28); *Bitburger & Speicherer Land* (EV-K 18)

3 Tage, 75 km, 1799 HM

Schwierigkeitsgrad: Mittelschwere Langstreckenwanderung, mit schwerem Gepäck anspruchsvoll. Gute Kondition und Trittsicherheit erforderlich.

1. Tag: Junglinster → Consdorf 22,5 km

2. Tag: Consdorf → Prümzurlay 28 km

3. Tag: Prümzurlay → Bitburg 24,5 km

Höchster Punkt: Kobenbour (383 m)

Anfahrt: Von Norden mit der Eifelbahn bis Bitburg-Erdorf, weiter mit Taxi oder Bus 405 bis Bitburg ZOB, weiter mit Bus 401 bis Junglinster. Von Süden mit der Bahn bis Trier, weiter mit Bus 441 bis Irrel, weiter mit Bus 401 bis Junglinster (verkehrt nur Mo – Sa).

Rückfahrt: Von Bitburg ZOB mit Bus 405 oder Taxi bis Bitburg-Erdorf. Weiter mit der Eifelbahn Richtung Köln oder Trier.

Busverbindungen entlang der Strecke: Tag 2: Irrel, Bus 401 nach Bitburg, 441 nach Trier.

Unterkunft: In Consdorf, Irrel, Prümzurlay, Bitburg.

Beste Jahreszeit: Feb – Okt. Im Winter sind viele Unterkünfte geschlossen.

Echternach

Die älteste Stadt Luxemburgs (1. Jahrhundert n.Chr.) ist immer eine Rast wert. Sie ist das kulturelle und touristische Herz der europäischen Ferienregion Kleine Luxemburger Schweiz/Ferschweiler Plateau. Die Abtei geht auf eine karolingische Gründung zurück. Der irische Missionar Willibrord liegt in der Krypta begraben. Am Pfingstdienstag pilgern ihm zu Ehren 15.000 Menschen hierher. Die jährliche Echternacher Springprozession ist weltbekannt.

✱ **Tipp: Kombinierte 5- oder 7-Tages-Tour:** Verbinden Sie die Touren 10, 9 und 7 (↗ Rucksack packen & Schuhe schnüren).

Unterkunft am Startort

Wer am Vorabend der Tour nach Luxemburg anreisen möchte, sollte statt in Junglinster im 8 km entfernten Luxemburg-Stadt übernachten.

Auberge Gaglioti, 64, rue due Fort Neipperg, L-2230 Luxemburg, ✆ 00352/400039, Fax 408989, 25 Betten, DZ ab 90 €, in Bahnhofsnähe.

1. Tag

Von Junglinster nach Consdorf

Über die sanften Hügel Ostluxemburgs nähern Sie sich gemächlich den Felsformationen der Kleinen Luxemburger Schweiz. Nehmen Sie sich Zeit, um die Landschaften und Dörfer am Wegesrand zu genießen.

Bevor Sie durchstarten, stärken Sie sich auf der Sonnenterrasse der **Boulangerie Kapp** in **Junglinster** mit Kaffee und Flammkuchen. Auch die kleine barocke Dorfkirche gleich nebenan ist sehenswert. Aber trödeln Sie nicht zu lange.

▶ Folgen Sie zunächst dem ***Sentier du Müllerthal*** in nördlicher Richtung. Die **Markierung gelber Kreis** ist auf den kommenden 11 km Ihr Führer. Die Beschilderung ist gut. Über eine Asphaltstraße laufen Sie auf den *Bélebierg* (Béleboesch) zu, wo Sie ein kurzer Anstieg und ein schöner Tannenwald erwarten. In *Blumenthal*, an der N14, führt der

Weg rechts der alten Stahlbrücke in den Wald. Sie erklimmen den ersten ernstzunehmenden Anstieg über einen schmalen Pfad und durchlaufen auf dem jenseitigen Hang des *Hésterbiergs* ein herrliches Tal mit den ersten von Moosen und Farnen überwucherten Felsen. Die fallen, verglichen mit denen im Müllertal, noch recht mickrig aus. Über einen Asphaltweg wandern Sie anschließend ins Pferdedorf **Kobenbour** – im *Centre Equestre* gibt es ein **Café** – und anschließend weiter auf *Hersberg* zu.
Biegen Sie kurz vor dem Ort links ins *Haerdbaachtal* ab und 500 m weiter rechts ins *Staebaachtal*. Hier gesellt sich zur **Markierung gelber Kreis** auch das **gelbe Kreuz** des ***Circuit Fred Welter.*** Diesem folgen Sie bis *Scheidgen*. Der Weg verjüngt sich nun zunehmend, die Felsen liegen näher am Pfad. Sie sind in der Kleinen Luxemburger Schweiz angekommen. Über den *Kouheed* (312 m), von wo Sie nach Norden bis Echternach blicken können, und durch den **Muerbësch** geht es hinab ins Tal des *Lauterbourenbaachs*. Durch das herrliche Tal mit seinen hellen Sandsteinfelsen und lichten Buchenwäldern führt ein schma-

Junglinster (304 m) → Kobenbour (383 m) 9,5 km → Muerbësch (381 m) 12,5 km → Rosswinklerhof (350 m) 15,5 km → Riedchen (360 m) 18,5 km → Consdorf (340 m) 22,5 km

Wanderzeit: 6 Std.

Schwierigkeit: Leichte bis mittelschwere Tour.

Höhenmeter: 495 m

Höchster Punkt: Kobenbour (383 m)

Startpunkt: Kirche Junglinster

Einkehr: In Kobenbour, Scheidgen

GPS Consdorf/Campingplatz: O 006°20´03´´ **N** 49°46´50´´

Centre Equestre Kobenbour, Walerwe 1, L- 6225 Kobenbour, ✆ 00352/(0)211/247841, Mo und Di Vormittag Ruhetag.

Hotel-Restaurant de la Station, route d'Echternach 10, L-6250 Scheidgen, ✆ 00352/790891, Fax 799164, www.hoteldelastation.lu, 25 Zimmer, DZ ab 70 €.

Boulangerie Kapp, 11, rue du Village, L-6140 Junglinster, ✆ 00352/789007, Fax 789784.

In L-6211 Consdorf:

Restaurant Auberge Moulin de Consdorf, Moulin de Consdorf 2, ✆ & Fax 00352/26784770, www.lemoulindeconsdorf.com, 10 Zimmer, DZ ab 65 €.

Camping La Pinède, rue Buergkapp 33, ✆ 00352/790271, Fax 799001, www.campconsdorf.lu, ÜpP ca. 5 €.

Syndicat d'Initiative et de Tourisme Consdorf, www.consdorf.lu, ↗ Adresse Campingplatz.

Felsentor: Der Weg führt durch den schönen Küchelscheid

Der ***Fred-Welter-Weg*** *führt 23 km rund um Scheidgen und gehört zum nationalen Netzwerk der luxemburgischen Wanderwege.*

ler Pfad. Er schlägt noch einen kleinen Haken nach Osten zum **Rosswinklerhof**. Achten Sie auf dem rücklaufenden Weg in Richtung Scheidgen (Norden) darauf, den wilden Pfad durch die Felsen am Armeslee zu nehmen. Sie sind richtig, wenn Sie auf Höhe Daxefees auf eine bunte Gedenkinschrift im Felsen stoßen. In **Scheidgen** – ✉ – laufen Sie ein kurzes Stück über die CR118 bergauf. Von dort gelangen Sie auf einen Asphaltweg mit der **Markierung Promenade M** bis **Riedchen**, anschließend auf einem schmalen Pfad ins Waldstück Seifert und ins *Haerdbaach*. Auf dessen Talgrund angekommen, steigt am gegenüberliegenden Hang ein steiler Pfad mit der Beschilderung Küchelscheid bergauf. Er führt noch einmal 500 m durch herrliche Felsformationen und schließlich als breiter Waldweg nach Consdorf.

Consdorf

Zum ⛺ **Campingplatz Consdorf** klettern Sie die steilen, gesicherten Stufen durch die schroffen Felsen zum *Buergkapp*, **Markierung gelber Kreis.** Der schöne Campingplatz liegt auf dem Plateau oberhalb. In Consdorf gibt es zwei Gasthäuser und mehrere Restaurants. Vor allem aber bietet der Ort viel Natur und noch mehr Felsen.

Durch die Kleine Luxemburger Schweiz nach Prümzurlay

Die heutige Etappe ist das Filetstück der Tour d'Europe, in sportlicher Hinsicht ebenso wie in Bezug auf die bizarren Felslandschaften, die Sie durchlaufen. Stellen Sie sich auf eine lange Etappe durch das Herz der Region Kleine Luxemburger Schweiz und Ferschweiler Plateau ein.

▶ Die heutige Strecke gewährt Ihnen keine Schonfrist. Direkt am Campingplatz **Consdorf** steigen Sie in die spektakulären Felsformationen der Kleinen Luxemburger Schweiz ein. Der **Markierung gelbes Kreuz** folgend, steigen Sie eine steile Treppe ins Tal hinab und auf der Gegenseite über einen schmalen Waldpfad wieder steil bergauf in Richtung Müllerthal. Schon bald passieren Sie die ersten Felsen und immer häufiger führt der Pfad kurze Stücke bergauf und wieder ab, um Felsen herum, über Wurzeln und umgefallene Bäume. Gut, dass es frühmorgens im

2. Tag

Consdorf (340 m) → Müllerthal (220 m) 3,5 km → Berdorf CR 137 (369 m) 8 km → Lauterbour (225 m) 15 km → Echternach (160 m) 18 km → Prümzurlay (185 m)
28 km

Wanderzeit: 8 Std.

Schwierigkeit: Schwierige und lange Etappe mit vielen Felspassagen.

Höhenmeter: 774 m

Höchster Punkt: Berdorf (369 m)

Startpunkt: Campingplatz Consdorf

Einkehr: In Berdorf, Echternach

GPS Prümzurlay:
O 006°26´12´´
N 49°52´08´´

Zahlreiche Restaurants und Cafés in Berdorf (↗ Tour 9) und Echternach (↗ Tour 9).

In 54668 Prümzurlay:

Hotel Haus am Berg, Kapellenstraße 15, ✆ 06523/534, Fax 932280, www.hotel-haus-am-berg-pruemzurlay.de, 1DBZ, 9 DZ ab 47 €.

Landhaus Im Park, Im Kotnol 6, ✆ 06523/558, Fax 1470, www.landhaus-im-park.de, 10 DZ ab 70 €.

Camping nur in 54665 Irrel (↗ Tour 9).

ℹ nur im Internet: www.irrel.de/pruemzurlay. www.mullerthal.lu.

schattigen Laubwald noch kühl ist. Durch die Felsen von *Schelmenlay* und *Rammelay* verläuft der Pfad noch wilder. Aber es gibt noch eine Steigerung.

Sie lassen **Müllerthal** links im Tal liegen und wandern auf dem **Circuit Fred Welter** ins Tal der Schwarzen Ernz (*Ernz Noire*). Nachdem Sie den kleinen *Laaschbaach* überquert haben, folgen Sie der **Markierung S2** durch die Felsen von Weerschrumschloef und **Predigerstuhl** (*Priedegtstull*) bis zu CR364. Auf diesem Abschnitt nimmt die Frequenz schwieriger Felspassagen deutlich zu. Verlieren Sie in den Labyrinthen zwischen den 20 m hohen Felsen nicht die Orientierung! An der Ermitage folgen Sie der Straße Rokelsbongert nach rechts über einen Höhenzug bis zur CR137, wo Sie wieder auf die **Markierung gelbes Kreuz** treffen. In **Berdorf** gibt es zahlreiche **Gasthäuser.**

Die eigenartigen Namen der Felsgebirge zeugen von Legenden und der Volksfantasie, so z.B. beim Keltenthiel, dem ***Predigerstuhl*** *oder der Kohlscheuer, in der es »so dunkel wie in einem Ofen« ist.*

Die anschießenden 3 km über *Kalkesbaach* hinab ins Tal des *Lauterbourenbaachs* sind felsenfrei. Im Tal folgen Sie dem Weg ein kleines Stück nach Süden bis zur *Brücke am Kaachelskapp*. Am Ostufer des Bachs führt ein Pfad wieder steil bergauf, **Markierung gelber Kreis** bzw. **P.** Der Pfad führt nach Lauter-

Vor den Toren Echternachs: Barockkapelle in Lautabour

bour. In wilder Folge windet er sich über steile Anstiege und durch Felsen am Hang entlang. Auf jedem weiteren Kilometer ist Ihre Kondition gefragt. Wenigsten bieten die Buchenwälder Schutz vor der Sonne. Über die Orientierungspunkte *Juckebësch* und *Harnech* gelangen Sie nach **Lauterbour**, eine Häusergruppe mit einer schönen Kapelle.

Am Westhang der N11 verläuft der Pfad mit der **Markierung P** weiter in Richtung Echternach. Leider ist der Einstieg von Lauterbour aus etwas kompliziert, weil die Markierung an der Landstraße fehlt. Steigen Sie einfach auf Höhe der nördlichen Ortseinfahrt den Hang 100 m bergauf bis Sie automatisch auf den Pfad stoßen. Bis **Echternach** folgt noch ein äußerst steiler Anstieg, aber in dem historischen Städtchen finden Sie reichlich Gelegenheiten, sich für die letzten 10 km zu stärken.

Der Weg von Echternach bis Prümzurlay führt Sie zunächst über die alte Zollbrücke hinüber nach *Echternacherbrück*. Von dort steigen Sie entlang der **Markierung schwarzes Dreieck (5)** durch die Streuobstwiesen steil bergauf bis zu einer Schutzhütte. Diese lädt zum Verschnaufen ein. Werfen Sie einen Blick zurück ins Sauertal. Den Osthang des Ferschweiler Plateaus entlang wandern Sie auf einem angenehm zu laufenden Pfad. In der *Teufelsschlucht* windet er sich noch einmal durch dunkle und moosbehangene Felsen. Hier opfern Sie Ihre letzten Kraftkörner. Camper steigen an dieser Stelle ins Tal ab, denn **Campingplätze** gibt es nur in Irrel.

Alle Nichtcamper wandern weiter bis zum *Wasserfall der Prüm*. Der fällt zwar oft relativ mickrig aus, dafür ist die hölzerne Wanderbrücke eindrucksvoll. Lauschen Sie einige Zeit dem Geplätscher der Prüm. Der Weg mit der **Markierung 14** führt Sie durch Flussauen ins 2 km entfernte **Prümzurlay**. Dort gibt es nicht mehr viel zu entdecken, aber nach diesem anstrengenden Wandertag bieten die beiden **Hotels** und ein **Restaurant** Erholung und Stärkung.

Tipp: Am 3. Tag gibt es nur in Holsthum Gelegenheit zur Einkehr. Vergessen Sie nicht, in Echternach Proviant einzukaufen. In Prümzurlay gibt es keine Geschäfte.

3. Tag

Prümzurlay (185 m) → Holsthumerberg (380 m) 9 km → Hungerburg (280 m) 18 km → Stahl (264 m) 21,5 km → Bitburg (340 m) 24,5 km

Wanderzeit: 6 Std.

Schwierigkeit: Mittelschwere Etappe mit einigen Felspassagen und einem unmarkierten Abschnitt.

Höhenmeter: 527 m

Höchster Punkt: Holsthumerberg (380 m)

Startpunkt: Brücke Prümzurlay

Einkehr: In Holsthum

GPS Bitburg/Kirche:
O 006°31´27´´
N 49°58´29´´

Von Prümzurlay nach Bitburg

Die letzte Etappe der Tour d'Europe führt zunächst auf 5 km Länge noch einmal durch Felsen. Aber ab Holsthumerberg bekommt die Etappe einen ganz anderen Charakter. Sie laufen einen steilen Hang hinauf und dann praktisch immer auf einem breiten Höhenzug westlich der Nims auf Bitburg zu. Immer wenn Sie aus den weitläufigen Waldgebieten heraustreten, blicken Sie über die Hügel der Westeifel – die Bierstadt am Horizont.

▶ Durch herrliche Obstwiesen wandern Sie zu Beginn der Etappe von der Brücke in **Prümzurlay** die Landstraße nach Ferschweiler bergauf. An sonnigen Tagen fängt sich frühmorgens der Nebel in den Bäumen und bricht das Licht der über den Hängen am jenseitigen Prümufer aufgehenden Sonne, während Prümzurlay noch im Schatten liegt. In der 2. Kehre liegt eine Naturquelle: Eine gute Gelegenheit, Ihre Wasserflasche aufzufüllen.

In der 3. Kehre biegen Sie rechts in einen breiten Waldweg mit der **Markierung Hufeisen** ein. Nach 1,5 km folgen Sie dem **Archäologischen Lehrpfad** bergauf. Ein letztes Mal steigen Sie bergauf und -ab,

Gasthof Oberbillig, Wolsfelder Straße 11, 54668 Holsthum, ✆ & Fax 06523/404, Mo Ruhetag.

In 54634 Bitburg:

Hotel Restaurant Louis Müller & Zum Römerwall, Hauptstraße 42a, ✆ 06561/9190, Fax 919299, www.hotel-louis-mueller.com, 50 Betten, DZ ab 70 €.

Tourist-Information Bitburger Land, Im Graben 2, 54634 Bitburg, ✆ 06561/94340, Fax 943420, www.bitburg.de, Mo – Fr 8.30 – 17 Uhr, Sa 10 – 12.30 Uhr.

Taxi in Bitburg: Taxi Thielen, ✆ 06561/96900. **Funk-Taxi,** ✆ 06561/17066.

umlaufen umgestürzte Felsen und Bäume. Der abenteuerliche Weg führt durch zahlreiche Felsen, aber er ist längst nicht so Kräfte zehrend wie am Vortag. Sie wandern an einem keltischen **Menhir** vorbei, der angelehnt an andere Felsen sich aufrecht zu halten versucht. Dieser »Druidenstein« gehörte einst vielleicht zu einem Opferaltar.

Weiter geht's durch die Schälenschlucht. In den 1. Etappenort *Holsthum* gelangen Sie, indem Sie die K19 überqueren und ca. 100 m der **Markierung A** folgen. Dann knickt der markierte Weg links weg, aber Sie wandern auf dem unmarkierten Weg geradeaus und biegen 50 m weiter nach rechts in einen weiteren unmarkierten Weg hinab zu den ersten Gehöften von Holsthum. Jenseits der Brücke über die Prüm gibt es Gelegenheit zur **Einkehr,** ☒. Ein Asphaltweg mit der **Markierung 16** führt Sie den Osthang hinauf bis zur Rochus-Kapelle. Die Kapelle liegt romantisch von hoch gewachsenen Kastanienbäumen eingerahmt. Und von hier aus haben Sie einen fantastischen Blick über Prüm- und Enztal.

Stimmungsvoll: Obstwiese bei Prümzurlay in der Morgendämmerung

Das Ferschweiler Plateau war wegen seiner steil abfallenden Sandsteinfelsen bereits zur Urnenfeldzeit 1200 – 700 v.Chr. ein bevorzugter Siedlungspunkt. Wälle prähistorischer Burgen und ***Menhire*** *der Megalithkultur zeugen davon (↗ Tour 9).*

Hinter der nächsten Biegung verlassen Sie die Straße nach links in einen breiten Waldweg mit der **Markierung 24.** Er verläuft zunächst flach, steigt aber im letzten Teilstück sehr steil bergan nach **Holsthumerberg**. Die Felspassagen und die steilen Anstiege liegen nun endgültig hinter Ihnen.

Auf dem Höhenzug Rakelsberg Bitburg entgegen ...

Wolsfelderberg und den asphaltierten Wanderweg über die K18 umgehen Sie westlich auf einem der unmarkierten Feldwege. Nördlich des kleinen Ortes treffen Sie auf Höhe des *Rakelsbergs* auf den ***Willi-***

***brodusweg,* Markierung schwarzes Dreieck (5).** Über den Rakelsberg wehen noch im Spätherbst warme Winde und auf den Feldern blühen unzählige blaue Disteln. An der K16 erblicken Sie im Nordosten erstmals Bitburg. Die berühmte Brauerei dominiert seine Silhouette.

Folgen Sie dem Willibrodusweg weiter nach Norden. Westlich von *Dockendorf* geht der Waldweg in Asphalt über und führt auf eine offene Fläche mit gelben Rapsfeldern hinaus. An der K14 verlassen Sie den

Willibrodusweg. Ab hier ist Ihre Orientierungsgabe gefordert, denn leider sind die Wege im Waldgebiet *Bedhard*, einem ehemaligen Truppenübungsplatz, nicht gut markiert. Um nicht der Landstraße folgen zu müssen, wenden Sie sich am Höhenpunkt 330 m nach rechts und gleich wieder nach links, laufen den Asphaltweg bergab in das kleine Tal. An seinem Ende biegen Sie rechts in einen Grasweg und gleich wieder links in einen Forstweg ein. Auf ihm durchqueren Sie den Bedhard.

Wieder auf dem freien Feld liegt vor Ihnen ein breiter Weg. Er ist in der Karte mit roten Punkten markiert und führt in nördlicher Richtung nach Bitburg. Noch immer fehlt jegliche Markierung am Wegesrand. Mit der Karte ist es jedoch nicht schwierig, ihm zu folgen: Zunächst wandern Sie nach rechts und folgen nach 200 m einem weiteren breiten Waldweg nach links. Durch ein kleines Tal wandern Sie bergauf bis zur nächsten großen Waldlichtung. Sie befinden sich nun auf dem Kamm des Bergrückens. Sie biegen nach rechts in den breiten Waldweg und wandern praktisch immer den Kamm entlang, was Sie gut daran erkennen, dass das Gelände zu beiden Seiten abfällt. Ein wichtiger Orientierungspunkt ist die kleine Schonung westlich des *Römerköpfchens*. Der Weg führt an ihrem östlichen Ende entlang. 2 km weiter

Seit 1560 wurde in der Eifel weitflächig Hopfen für die Bierproduktion angebaut. Mit dem Beginn des 20. Jahrhunderts wurde die süddeutsche Konkurrenz jedoch zu groß, so dass die langen Stangen nur noch um Holsthum herum zu sehen sind.

... und bald ist die Bierstadt erreicht!

macht der Weg eine scharfe Rechts- und 200 m weiter eine Linkskurve. Dann führt er übers freie Feld auf die **Hungerburg** zu.

Tipp: Es gibt 2 Gründe in Bitburg zu übernachten: Das leckere Pils oder wenn Sie den letzten Zug verpassen. Der Bahnhof Bitburg-Erdorf liegt 4 km östlich vom Stadtzentrum und ist Mo – Sa mit dem Bus oder Taxi zu erreichen (6 – 10 €).

Die letzten Meter bis Bitburg

Nordwestlich der Hungerburg führt Ihr Weg Sie wieder in den Wald und biegt sofort am Waldrand nach rechts in einen lichtdurchfluteten Grasweg. 1,5 km weiter geht er in einen breiten Waldweg mit der **Markierung 13** über. Folgen Sie der Markierung bergab nach **Stahl**, über die Nimsbrücke hinüber und auf einem Asphaltweg, **Markierung schwarzer Pfeil (16),** den steilen Osthang wieder hinauf bis ins Stadtzentrum von **Bitburg.**

REGISTER

HOHES VENN & WARCHE-TAL
RUND UM DEN NATIONALPARK EIFEL
WALDEIFEL & AHRGEBIRGE
AHRGEBIRGE & BROHLTAL
ELZTAL & HOHE ACHT
LIESERTAL & MAARE
GEROLSTEIN & KYLLTAL
SCHNEIFEL & PRÜM
AN PRÜM, SAUER & KYLL
VON LUXEMBURG NACH BITBURG

Register

Orte, Sehenswürdigkeiten, Wanderwege
Stichworte
Personen
Natur & Landschaft

IMPRESSUM

© 1. Auflage 2007 | **Post bitte an:** pmv Peter Meyer Verlag, Schopenhauerstraße 11, 60316 Frankfurt am Main | www.PeterMeyerVerlag.de, info@PeterMeyerVerlag.de

Druck & Bindung: Kösel, Krugzell; www.KoeselBuch.de | **Umschlaggestaltung:** pmv & Agentur 42, Mainz, www.agentur42.de | **Fotos:** Mathieu Klos, Hi-jong Kim, Florian Stapf | **Karten:** pmv Peter Meyer Verlag, Lizenzen auf Anfrage | **Lektorat & Layout:** Annette Sievers | **Bezug:** über Prolit, Fernwald-Annerod, oder über den Verlag, vertrieb@PeterMeyerVerlag.de
ISBN 978-3-89859-309-0

Foto © Erik Hinz

pmv *Wanderführer:*

Andere Wege gehen.

MEHRTAGESTOUREN
IM WESTEN DEUTSCHLANDS
9 Wanderungen mit leichtem Gepäck
zwischen Eifel und Schwarzwald
von Rolf & Waike Weber

3 Tage, 52 km: Der Rotweinwanderweg
3 Tage, 63 km: Durchs wilde Enderttal und auf dem Moselhöhenweg
3 Tage 65 km: Durch Hunsrück, Moseltal und Eifel
3 Tage, 56 km: Längs der Lahn und durch den Naturpark Nassau
6 Tage, 122 km: Durch den Pfälzerwald ins Elsass
6 Tage, 110 km: Das unbekannte Elsass
5 Tage, 116 km: In luftiger Höhe durch den Schwarzwald
3 Tage, 56 km: Hoch, tief, wild und schön: Am Feldberg
2 Tage, 23 km: Über die Höhen des Kaiserstuhls

¡Vamos!

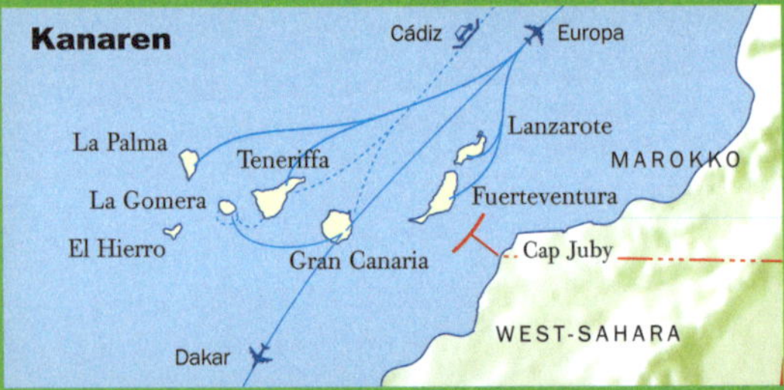

EL HIERRO
von Sabine Keller

FUERTEVENTURA
LA GOMERA
LA PALMA
LANZAROTE
TENERIFFA
von Rolf Goetz
320 – 384 Seiten,
16,95 €

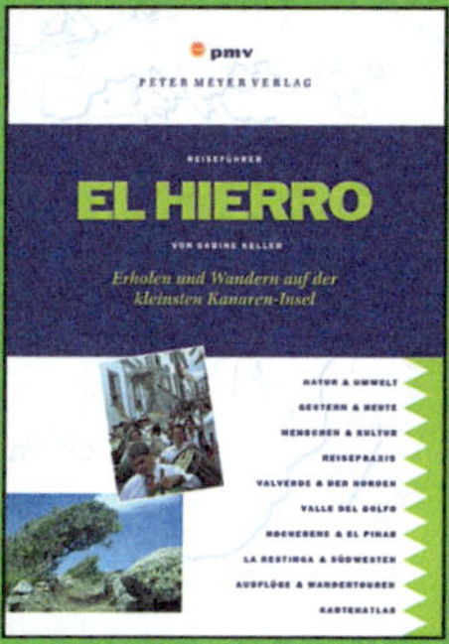

Erholen und wandern – das können Sie nirgends so gut wie auf den Kanaren. pmv bietet kompetente Reiseführer inklusive getestetem Wanderführer und eigens angefertigten Wanderkarten 1:50.000. Nur laufen müssen Sie selbst.

Wandern mit pmv auf den Kanaren

»Ein einzigartiges Kompendium, in dem man neben brauchbaren Adressen unzählige feine Beobachtungen über die Ostseeküste Polens und ihr Hinterland Pommern, Kaschubei und Masuren finden kann.«
Gesandter Prof. Dr. habil. Józef Olszyński, Botschaft der Republik Polen

POLEN: OSTSEE & MASUREN
Strände, Städte und Natur: Aktivurlaub in Polens Norden
von Grażyna & Wolfgang Kling

416 Seiten, 127 Fotos, 14 Zeichnungen und Stiche, 53 Karten, Stadtpläne und Grundrisse; zweisprachiges Register der Orte & Sehenswürdigkeiten, schicker Sprachführer im Umschlag.
19,95 €, ISBN 978-3-89859-139-3

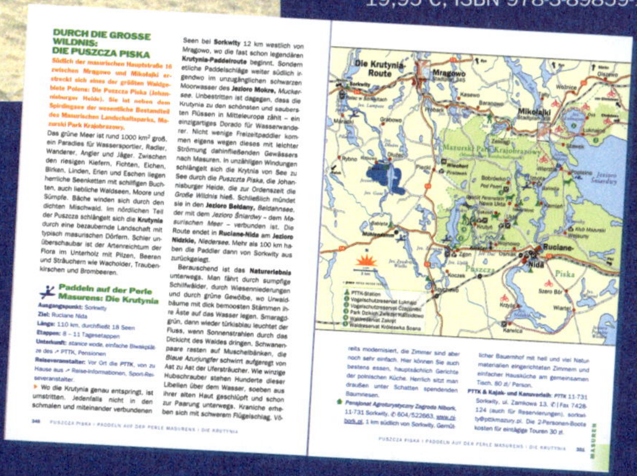

DURCH DIE GROSSE WILDNIS: DIE PUSZCZA PISKA

Südlich der masurischen Hauptstraße 16 zwischen Mrągowo und Mikołajki erstreckt sich eines der größten Waldgebiete Polens: Die Puszcza Piska (Johannisburger Heide). Sie ist neben dem Spirdingsee der wesentliche Bestandteil des Masurischen Landschaftsparks, Mazurski Park Krajobrazowy.

Das grüne Meer ist rund 1000 km² groß, ein Paradies für Wassersportler, Radler, Wanderer, Angler und Jäger. Zwischen den riesigen Kiefern, Fichten, Eichen, Birken, Linden, Erlen und Eschen liegen herrliche Seenketten mit schilfigen Buchten, auch liebliche Waldseen, Moore und Sümpfe. Bäche winden sich durch den dichten Mischwald. Im nördlichen Teil der Puszcza schlängelt sich die **Krutynia** durch eine bezaubernde Landschaft mit typisch masurischen Dörfern. Schier unüberschaubar ist der Artenreichtum der Flora im Unterholz mit Pilzen, Beeren und Sträuchern wie Wacholder, Traubenkirschen und Brombeeren.

Paddeln auf der Perle Masurens: Die Krutynia

Ausgangspunkt: Sorkwity
Ziel: Ruciane Nida
Länge: 110 km, durchfließt 18 Seen
Etappen: 8 – 11 Tagesetappen
Unterkunft: stanice wodne, einfache Biwakplätze des ↗ PTTK, Pensionen
Reiseveranstalter: Vor Ort die PTTK, von zu Hause aus ↗ Reise-Informationen, Sport-Reiseveranstalter.

▸ Wo die Krutynia genau entspringt, ist umstritten. Jedenfalls nicht in den schmalen und miteinander verbundenen Seen bei **Sorkwity** 12 km westlich von Mrągowo, wo die fast schon legendären **Krutynia-Paddelroute** beginnt. Sondern etliche Paddelschläge weiter südlich irgendwo im unzugänglichen schwarzen Moorwasser des **Jezioro Mokre,** *Muckersee*. Unbestritten ist dagegen, dass die Krutynia zu den schönsten und saubersten Flüssen in Mitteleuropa zählt – ein einzigartiges Dorado für Wasserwanderer. Nicht wenige Freizeitpaddler kommen eigens wegen dieses mit leichter Strömung dahinfließenden Gewässers nach Masuren. In unzähligen Windungen schlängelt sich die Krytnia von See zu See durch die *Puszczta Piska*, die Johannisburger Heide, die zur Ordenszeit die *Große Wildnis* hieß. Schließlich mündet sie in den **Jezioro Beldany,** *Beldahnsee*, der mit dem *Jezioro Śniardwy* – dem *Masurischen Meer* – verbunden ist. Die Route endet in **Ruciane-Nida** am **Jezioro Nidzkie,** *Niedersee*. Mehr als 100 km haben die Paddler dann von Sorkwity aus zurückgelegt.

Berauschend ist das **Naturerlebnis** unterwegs. Man fährt durch sumpfige Schilfwälder, durch Wiesenniederungen und durch grüne Gewölbe, wo Urwaldbäume mit dick bemoosten Stämmen ihre Äste auf das Wasser legen. Smaragdgrün, dann wieder türkisblau leuchtet der Fluss, wenn Sonnenstrahlen durch das Dickicht des Waldes dringen. Schwanenpaare rasten auf Muschelbänken, die *Blaue Azurjungfer* schwirrt aufgeregt von Ast zu Ast der Ufersträucher. Wie winzige Hubschrauber stehen Hunderte dieser Libellen über dem Wasser, soeben aus ihrer alten Haut geschlüpft und schon zur Paarung unterwegs. Kraniche erheben sich mit schwerem Flügelschlag. Vö-

348 PUSZCZA PISKA | PADDELN AUF DER PERLE MASURENS | DIE KRUTYNIA

reits modernisiert, die Zimmer sind aber noch sehr einfach. Hier können Sie auch bestens essen, hauptsächlich Gerichte der polnischen Küche. Herrlich sitzt man draußen unter Schatten spendenden Baumriesen.

Pensjonat Agroturystyczny Zagroda Nibork, 11-731 Sorkwity, ✆ 604/522663, www.nibork.pl, 1 km südlich von Sorkwity. Gemütlicher Bauernhof mit hell und viel Naturmaterialien eingerichteten Zimmern und einfacher Hausküche am gemeinsamen Tisch. 80 zł/ Person.

PTTK & Kajak- und Kanuverleih: *PTTK* 11-731 Sorkwity, ul. Zamkowa 13, ✆ | Fax 7428-124 (auch für Reservierungen), sorkwity@pttkmazury.pl. Die 2-Personen-Boote kosten für eintägige Touren 30 zł.

PUSZCZA PISKA | PADDELN AUF DER PERLE MASURENS | DIE KRUTYNIA 351
MASUREN

BREMEN
Entdeckerhandbuch für Stadt und Umland
von Sabine Gorsemann (Hrsg.)

Bremen neu entdecken: Stadtgeschichte, Künstlerleben gestern, Kulturvielfalt heute, Rundgänge von klassisch bis alternativ, Ausflüge per Rad und Schiff. Tipps zum Ausgehen und Shopping, für Freizeit und Sport. Sorgfältig recherchierte praktische Infos, Adressen, Unterkünfte und Verkehrshinweise.

»Alles drin!«
Prinz Bremen

ISBN 978-3-89859-126-3
320 Seiten; 14,95 € (D)

ISTRIEN & KVARNER BUCHT
Urlaubshandbuch für das Badeparadies in Kroatiens Norden
Peter Meyer und Annette Sievers
Mit den Inseln Cres, Lošinj, Krk, Rab und Pag

Alle Informationen zu Reise, Unterkunft und Camping in Istrien, an der Opatija-Riviera, der Velebit-Küste bis Zadar und auf den Inseln Cres, Lošinj, Krk, Rab und Pag sowie den kleinen Eilanden im Kvarner Golf. Samt Ausflügen, Naturparks, Stränden und Tipps fürs Wandern, Radeln, Segeln und Tauchen. Klar gegliedert und mit guten Karten. Alles top recherchiert.

»Ein Reiseführer von Kennern!« Kroatische Tourismuszentrale

ISBN 978-3-89859-121-8
336 Seiten; 16,95 € (D)

COSTA BLANCA
Reisehandbuch und Ausflugsführer für Strand- und Aktivurlaub
Axel Tiedemann

Baden an Sandstränden oder unter schroffen Klippen, Stadtbummel durch das mediterrane Alicante, Wandern in bizarren Berglandschaften und im größten Palmenwald Europas, Highlife in Benidorm und ausgelassene Fiestas im Hinterland der Weißen Küste der Povinz Alicante – vorgestellt in Texten, die Freude machen beim Lesen.

»Reisende mit Entdeckerlust und Wissensdurst werden an diesem informativen, kurzweilig geschriebenen Reiseführer ihre Freude haben.«
Camping, DCC

ISBN 978-3-89859-132-4
320 Seiten; 16,95 € (D)

»Ihr Reiseführer ist wirklich exzellent. Sehr gute Infos, gut geschrieben und nützlich. Die Karten sind besser als die, die wir von den Rangern für die Wanderungen erhielten!« Jochen F. (Leser)

»Viele ungewöhnliche Details, die von den sonstigen Reiseführern abweichen« ekz-Informationsdienst

SÜDAFRIKA: DIE KAPREGION
Praktisches Reisehandbuch für Natur- und Kulturreisen
Barbi Lasar, 672 Seiten, 24,95 €, 978-3-89859-116-4

»Einer der mit Abstand besten Afrika-Reiseführer überhaupt.« Studie Deutsche UNESCO-Kommission

»Ein Buch, das man von vorn bis hinten lesen kann.« Hanauer Anzeiger

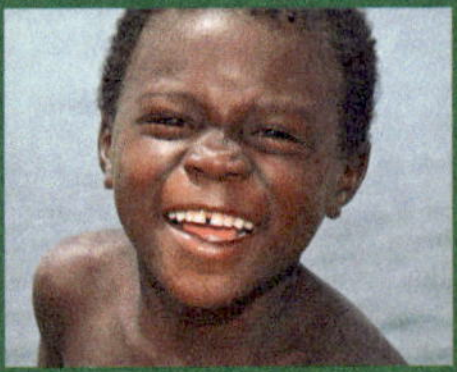

GHANA
Praktisches Reisehandbuch für die »Goldküste« Westafrikas
Jojo Cobbinah, 512 Seiten, 29,95 €, 978-3-89859-115-7

»Sorgfältig recherchiert, gute Karten.« FAZ

»Der einzigste brauchbare Reiseführer zu Senegal in Deutsch für Individualtouris ...« Udo T. (Leser)

SENEGAL GAMBIA
Praktischer Reiseführer an die Westspitze Westafrikas
Jojo Cobbinah, 416 Seiten, 22,00 €, 978-3-89859-103-4

MAINZ & RHEINHESSEN MIT KINDERN
978-3-89859-430-1
ODENWALD MIT KINDERN
978-3-89859-400-4
PFALZ MIT KINDERN
978-3-89859-404-2
RHEIN-MAIN MIT KINDERN
978-3-89859-403-5
RHEINLAND-PFALZ MIT KINDERN
978-3-89859-401-1
SPESSART MIT KINDERN
978-3-89859-407-3
TAUNUS MIT KINDERN
978-3-89859-406-6
VOGELSBERG, WETTERAU MIT KINDERN
978-3-89859-432-5
WESTERWALD MIT KINDERN
(mit Rhein, Lahn, Dill und Sieg) 978-3-89859-405-9
WIESBADEN & RHEINGAU MIT KINDERN
978-3-89859-431-8

»Das Gute liegt so nahe.«
MAIN-ECHO

Im und am Wasser: Schwimmbäder für Sommer und Winter, Badeseen, Boots- und Kanutouren für Kids.
An der frischen Luft: Kindgerechte Wander- und Radtouren, Skaterplätze, Reiten und Kutschfahrten, Abenteuerspielplätze und Märchenparks. Eislaufen, Ski fahren und rodeln.
Natur und Umwelt begreifen: Höhlen, Klippen, Lehrpfade, Tierparks, Falknereien, Bio-Stationen.
Geschichte zum Anfassen: Schlösser, Burgen, kinderfreundliche Museen, Bergwerke, Mühlen, Betriebe und historische Eisenbahnen.
Action für Kreative: Kino, Theater, Musik, Kunst zum Zuschauen und Mitmachen. Märkte und Feste rund ums Jahr.
Ferienadressen: Infostellen, preiswerte Ausflugslokale und Unterkünfte im Grünen für die ganze Familie.

»500 Ideen, sich die freie Zeit zu vertreiben.«
KÖLNER STADT-ANZEIGER

EIFEL MIT KINDERN
700 Ausflüge, Aktivitäten und Adressen für Ferien und Freizeit
Ingrid Retterath

»Diese Vielfalt lässt nicht nur Kinderherzen höher schlagen.«
Die Zeit

320 Seiten, 12,95 €.
ISBN 978-3-89859-408-0

RHEINLAND
MIT KINDERN

Über 500 Aktivitäten und
Ausflüge bei jedem Wetter

Ingrid Retterath

»Ein kleiner Freizeitretter voller Informationen.«
WDR Fernsehen

320 Seiten Tier-Cartoons, Fotos, Kartenatlas. Ganz in Farbe. 12,95 €.
ISBN 978-3-89859-409-7

BERGISCHES LAND
MIT KINDERN

400 spannende
Ausflüge und Aktivitäten
rund ums Jahr

Ingrid Retterath

»Was immer man wissen will, um sich mit der Familie ein paar nette Tage zu machen, da steht's drin.« WAZ

256 Seiten, Tier-Cartoons, Fotos, Daumenkino, Kartenatlas. Ganz in Farbe. 12,95 €.
ISBN 978-3-89859-410-3

Gestatten? Ich bin Sam …

Die lustigen Comics von unseren liebenswerten Tieren *Sam,* der Wasserratte, *Karlinchen,* der Wander-Igelin, *Herrn Mau,* dem Spezialist für Geschichte und Handwerk, und *Mockes,* dem zappeligen Hasen, und all den anderen frechen Viechern werden exklusiv für pmv gezeichnet! Und in fast jedem Freizeitführer »… mit Kindern« ist ein Daumenkino versteckt.

SCHWÄBISCHE ALB MIT KINDERN
Über 500 spannende Ausflüge und Aktivitäten rund ums Jahr
Ursula & Wolfgang Taschner

Mit der Schwäb'schen Eisenbahn und 499 weitere Hits für Kids.
ISBN 978-3-89859-413-4

HARZ MIT KINDERN
500 spannende Ausflüge und Aktivitäten rund ums Jahr
Kirsten Wagner

Die dreifache Mutter weiß, was Familien brauchen: Knappe, präzise Informationen zum sofortigen Aufbrechen.
ISBN 978-3-89859-423-3

MÜNSTERLAND MIT KINDERN
Über 500 spannende Ausflüge und Aktivitäten rund ums Jahr
Hilla Finkeldei

Alles, was man im Land des Dauerregens braucht – für drinnen und draußen.
ISBN 978-3-89859-424-0

Foto © Rolf K. Wegst

Ausfliegen und genießen

Eine runde Sache: Mitarbeiter der Frankfurter Rundschau testeten die 75 schönsten Ausflugslokale im Rhein-Main-Gebiet und die erfahrenen Autoren des pmv haben die passenden Wanderungen und Radeltouren rund um die Einkehrziele ergänzt. Egal, ob Schloss-Café, Forsthaus, Gutshof oder Aussichtslokal: In Rheingau und Rheinhessen (Bd. 1), zwischen Taunus und dem Kinzigtal (Bd. 2) sowie zwischen Rhein, Main und Odenwald (Bd. 3) steht dem gelungenen Sonntagsausflug ins Grüne nichts mehr im Wege.

AUSFLÜGE MIT GENUSS
1: Rheingau – Rheinhessen
ISBN 978-3-89859-302-1
2: Taunus – Wetterau – Kinzigtal
ISBN 978-3-89859-303-8
3: Zwischen Rhein, Main und Odenwald
ISBN 978-3-89859-304-5
Je 12,95 €, 128 Seiten, zahlreiche Farbfotos, Piktogramme, Karten.

Mockes, Herr Mau,
Karlinchen und Sam freuen sich
über den 1. Preis beim ITB BuchAward
»Reisen mit Kindern«

»Vor die Haustür, fertig – los!«
Das ist das Motto der bisher 20 Bände pmv-Freizeitführer »… mit Kindern«. 20 x mindestens 400 Aktivitäten, Ausflüge und Adressen für Kids zwischen 3 und 13. Das ist 10.530 x Spaß in ganz Deutschland! Für familienfreundliche 12,95 Euro in jeder Buchhandlung.

pmv PETER MEYER VERLAG